_____ 학교 ____ 학년____반_____ 의 책이에요.

# 전 세계가 인정한 우리의
# 세계유산

세계유산이란, '세계유산협약'에 따라 인류 전체를 위해 보호해야 할 가치가 있다고 인정되는 세계 여러 나라의 유산 가운데 유네스코에 등록된 유산을 말해요.

최근 전 세계적으로 자연재해나 전쟁 등으로 파괴될 위기에 처한 인류의 유산이 늘어나고 있어요. 이를 미리 방지하고 보호하고자 1978년부터 유네스코의 세계유산위원회에서는 보호해야 할 가치가 있는 유산들을 세계유산으로 지정하고 있답니다.

인류 전체를 위해 보편적인 가치가 있다고 인정하는 유산을 중심으로 지정하다 보니, 각 나라의 문화와 역사를 대표하는 유산인 경우가 많아요. 따라서 각 나라의 세계유산을 알아보는 일은 곧 그 나라의 고유한 문화를 알 수 있는 지름길이지요.

우리나라는 현재 석굴암과 불국사, 해인사 장경판전, 종묘, 창덕궁, 수원 화성, 경주역사유적지구, 고창화순강화 고인돌유적, 제주 화산섬과 용암동굴, 조선왕릉, 한국의 역사마을 : 하회와 양동, 남한산성, 백제역사유적지구와 산사 한국의 산지승원, 한국의 서원이 등재되어 있답니다. 그리고 세계기록유산으로는 훈민정음, 조선왕조실록, 직지심체요절, 승정원일기, 조선왕조의 의궤, 해인사 고려대장경판 및 제경판, 동의보감, 일성록, 5.18민주화운동 기록물, 난중일기, 새마을운동 기록물, 한국의 유교책판, KBS특별생방송 '이산가족을 찾습니다' 기록물, 조선왕실 어보와 어책, 국채보상운동 기록물, 조선통신사 기록물이 등재되었어요.

또한 인류무형문화유산으로는 종묘제례 및 종묘제례악, 판소리, 강릉단오제, 강강술래, 남사당놀이, 영산재, 제주칠머리당 영등굿, 처용무, 가곡, 대목장, 매사냥, 줄타기, 택견, 한산모시짜기, 아리랑, 김장문화, 농악, 줄다리기, 제주해녀문화가 있답니다.

이 책에서는 우리나라의 세계기록유산인 '해인사 고려대장경과 세계문화유산인 장경판전'에 대해 알아볼 거예요.

## 세계문화유산

종묘

수원화성

창덕궁

고창·화순·강화의 고인돌유적

석굴암과 불국사

해인사 장경판전

경주역사유적지구

백제역사유적지구

## 세계기록유산

조선왕조실록

승정원일기

직지심체요절

훈민정음

조선왕조 의궤

해인사 고려대장경판과 제경판

동의보감

일성록

## 세계무형유산

종묘제례와 제례악

판소리

강릉단오제

## 세계자연유산

제주도 화산섬과 용암동굴

**신나는 교과 체험학습 37**

고려 사람들의 과학적 인쇄술과 건축술 해인사 고려대장경과 장경판전

초판 1쇄 발행 | 2008. 6. 23
개정 3판 4쇄 발행 | 2023. 11. 10.

**글** 박상국 | **그림** 이제호

**발행처** 김영사 | **발행인** 고세규
**등록번호** 제 406-2003-036호 | **등록일자** 1979. 5. 17.
**주소** 경기도 파주시 문발로 197(우10881)
**전화** 마케팅부 031-955-3100 | 편집부 031-955-3113~20 | 팩스 031-955-3111



값은 표지에 있습니다.
ISBN 978-89-349-9651-4 64000
ISBN 978-89-349-8306-4 (세트)

좋은 독자가 좋은 책을 만듭니다. 김영사는 독자 여러분의 의견에 항상 귀 기울이고 있습니다.
전자우편 book@gimmyoung.com | 홈페이지 www.gimmyoungjr.com

**어린이제품 안전특별법에 의한 표시사항**

**제품명** 도서 **제조년월일** 2023년 11월 10일 **제조사명** 김영사 **주소** 10881 경기도 파주시 문발로 197
**전화번호** 031-955-3100 **제조국명** 대한민국 ⚠**주의** 책 모서리에 찍히거나 책장에 베이지 않게 조심하세요.

고려 사람들의 과학적 인쇄술과 건축술

# 해인사 고려대장경과 장경판전

글 박상국  그림 이제호

주니어김영사

# 차례

## 해인사 고려대장경과 장경판전을 보러 가기 전에

### 미리 준비하세요

**1. 준비물** 《해인사 고려대장경과 장경판전》 책, 수첩과 연필,
여행 경비, 사진기

**2. 옷차림**
해인사까지는 주차장이나 버스 정류장에서 20분 정도 산길을
걸어가야 해요. 그래서 가볍고 편한 옷차림과 걷기 편한 신발을
신는 것이 좋아요.

### 미리 알아두세요

| | |
|---|---|
| **관람료** | 어른 3000원, 청소년 1500원, 어린이 700원 |
| **문의** | 055) 934-3000 |
| **주소** | 경남 합천군 가야면 해인사길 122 |
| **홈페이지** | www.haeinsa.or.kr |
| **가는 방법** | 서울(고속버스터미널) → 대구 → 서부시외버스터미널에서 해인사행 승차<br>서울(남부시외버스터미널) → 고령 → 해인사행 승차<br>대전(시외버스터미널) → 해인사(하루 세 번 / 07:10, 12:05, 17:25)<br>부산(고속/시외버스) → 대구 → 서부시외버스터미널에서 해인사행 승차<br>광주(시외버스터미널) → 거창/대구 → 거창/대구에서 해인사행 버스승차<br>마산(고속/시외버스) → 고령/대구 → 고령/대구에서 해인사행 버스승차<br>진주(시외버스정류소) → 해인사(하루 세 번 / 09:30, 13:10, 17:10) |

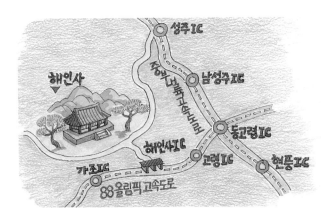

# 해인사 고려대장경과 장경판전은요……

고려 시대에는 거란과 몽골의 침입으로 백성들이 어려운 생활을 한 때가 있었어요. 이 시기를 극복하기 위해 온 백성들이 마음을 모았어요. 그런 노력을 통해 자랑스러운 문화재가 탄생했어요. 바로 고려대장경이에요. 나무를 깎아서 만든 경판에 놀라운 인쇄 기술과 불교 문화가 담겨 있지요.

이와 함께 우리가 눈여겨봐야 할 것이 하나 더 있어요. 바로 760년이 넘게 고려대장경을 잘 보관하고 있는 장경판전이에요. 장경판전에는 고려 사람들의 어떤 기술이 숨겨져 있기에 오랜 세월 동안 나무로 된 경판을 썩지 않게 보관할 수 있었을까요?

지금부터 고려대장경을 만드는 방법과 장경판전에 숨겨진 건축 기술을 알아보기 위한 여행을 떠나요. 이번 여행은 우리 민족의 역사와 함께 발전해 온 놀라운 문화와 과학 기술을 만나는 자리예요.

※고려대장경은 고려 시대에 만들었다고 해서 붙은 이름으로, 해인사의 대장경을 부르는 정식 이름이에요. 팔만 사천 법문을 새겼다고 해서 '팔만대장경', 초조대장경이 불탄 뒤 다시 만든 대장경이라고 해서 '재조대장경'이라고도 해요.

# 고려대장경 이야기

    삼국 시대에 처음 우리나라에 전래된 불교는 고려 시대에 이르러 왕실과 백성들의 사랑을 받으며 널리 퍼졌어요. 당시 백성들은 부처님에게 마음을 의지했고 나라에서도 큰일이 있을 때면 부처님에게 기원을 드렸어요.

    이런 가운데 몽골이 침략해 오자 나라를 보호하려는 마음으로 국가의 지원 아래 '고려대장경'을 만들었어요. 고려대장경에는 나라를 지키려는 기원 뿐만 아니라 우리 선조들의 빛나는 인쇄 기술이 담겨 있어요. 고려대장경은 현재 남아 있는 목판 인쇄물 가운데 규모나 기술 면에서 세계 최고라고 하지요. 고려대장경을 만드는 과정에 어떤 비결이 숨어 있을까요? 지금부터 고려대장경을 만드는 과정을 알아보며 그 안에 숨겨진 비밀을 풀어 보아요.

### 고려대장경, 창조의 비밀 - 가야산 국립공원의 해설 프로그램

가야산 국립공원에서는 해인사 고려대장경에 대한 해설을 하고 있어요. 해인사 일주문 앞에서 시작하는 해설은 1시간 동안 이루어지며, 인터넷이나 전화로 미리 예약하면 이용할 수 있어요. (전화 055-930-8000 | 홈페이지 http://gaya.knps.or.kr)

경판의 마구리(손잡이)

고려대장경판

# 고려대장경이란 무엇일까?

**입적**
불교에서 스님이나 스승이 돌아가신 것을 말해요.

**산스크리트 어**
고대 인도에서 글을 쓸 때 쓰던 말이에요.

불교의 창시자인 석가모니 부처님이 **입적**한 뒤 제자들은 부처님의 가르침을 길이 전하기 위해 그 말씀을 야자나무의 잎에 **산스크리트 어**로 써서 남겼어요. 이것을 패엽경이라고 해요. 그리고 이 말씀을 모은 것을 '대장경'이라고 해요. '대장경'에는 부처님의 가르침인 경, 부처님이 정한 규칙인 율, 그 가르침과 규칙을 쉽게 풀이한 내용인 론이 담겨 있어요. 이것을 '삼장'이라고도 하지요. 대장경은 이 세 가지를 담은 광주리라는 뜻의 '트리피타가'를 한자로 표기한 것이에요.

우리나라도 처음에는 중국과 마찬가지로 불경을 베껴서 사용했어요. 하지만 송나라 때 중국에서 대장경판을 만들어 인쇄하기 시작했어요. 이것이 바로 북송 때 만든 대장경이에요. 그 뒤로 우리나라에서도 고려 때 처음 대장경을 만들게 되었지요.

**여러 나라의 대장경**
불교를 받아들인 여러 나라들은 대장경을 만들어 국가의 부흥을 기원했어요. 제일 먼저 대장경을 만든 나라는 중국 북송이었어요. 그 다음으로 고려에서 초조대장경을 만들었어요.

석가모니 부처님에게 가르침을 듣는 제자들

## 고려가 만든 대장경

고려 시대에는 거란이나 몽골에서 잦은 침입을 해서 나라에서는 외세의 침입을 막고 나라를 지키자는 의미로 대장경을 만들었어요. 고려 현종 때 처음으로 대장경을 만

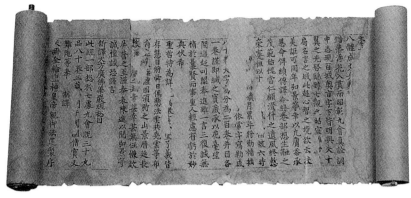

초조대장경

들었어요. 바로 '초조대장경'이지요. 하지만 몽골의 침입으로 초조대장경이 불타자 다시 '고려대장경'을 새기게 되었어요.

고려대장경은 여러 나라의 대장경 가운데 세계 최대 규모이고 내용도 우수하다고 해요. 어떤 면에서 그런지 함께 알아보아요.

첫째, 고려대장경은 내용이 매우 방대해요. 초조대장경의 내용을 바탕으로 북송과 거란의 대장경까지 비교하여 부처님의 말씀을 모두 모아 실었거든요. 그래서 현재 남아 있는 전 세계 대장경 가운데 내용이 가장 방대하지요.

둘째, 내용이 매우 정확해요. 다른 대장경과 비교 검토하면서 틀린 내용을 확인하고 바로잡아 《교정별록》이라는 기록으로 남겼어요. 그래서 고려대장경은 여러 대장경의 기준이 되었고, 오늘날 다른 나라의 학자들도 대장경의 원본으로 삼고 있어요.

셋째, 경판을 만든 기술이 아주 빼어나요. 훌륭한 가공 기술로 보관성을 높였고, 빼어난 글씨체로 판각해서 과학적으로나 예술적으로 우수하지요. 그리고 760년이 지난 지금도 인쇄할 수 있다니 정말 대단해요.

**방대**
규모나 양이 매우 크거나 많다.

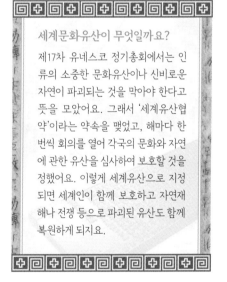

세계문화유산이 무엇일까요?
제17차 유네스코 정기총회에서는 인류의 소중한 문화유산이나 신비로운 자연이 파괴되는 것을 막아야 한다고 뜻을 모았어요. 그래서 '세계유산협약'이라는 약속을 맺었고, 해마다 한 번씩 회의를 열어 각국의 문화와 자연에 관한 유산을 심사하여 보호할 것을 정했어요. 이렇게 세계유산으로 지정되면 세계인이 함께 보호하고 자연재해나 전쟁 등으로 파괴된 유산도 함께 복원하게 되지요.

**경판**
불경을 인쇄하기 위한 판이에요.

**판각**
나뭇조각에 그림이나 글씨를 새기는 것이에요.

# 언제 누가 만들었을까?

**조정**

왕과 신하로 나라를 다스리는 정부를 말해요.

**양성**

실력을 키우고 유능한 사람을 길러 내요.

이렇게 빼어난 조건을 두루 갖춘 '고려대장경'은 2007년 유네스코 세계기록유산으로 등재되었어요.

1232년 몽골의 침입으로 위기에 처한 고려 조정은 수도를 개성에서 강화도로 옮겼어요. 전쟁으로 온 나라가 폐허가 되고 백성들은 불안에 떨었지요. 조정에서는 백성의 마음을 다시 모아 나라의 위기를 극복하기 위해 대장경을 다시 만들기로 했어요.

고려대장경을 만드는 데에는 아주 오랜 시간이 걸렸어요. 새기기로 결정하고 준비한 시기는 초조대장경이 불탄 직후인 1232년일 것으로 짐작해요.

나라를 일으키려면 국력을 키우거나 군대를 양성하는 것보다 백성들의 마음을 모으는 것이 더 중요했거든요. 그래서 불탄 초조대장경 대신 새로 대장경을 만들기로 했어요. 당시 대장경을 다시 새기려고 결정했을 때 고려 조정의 마음은 아주 간절했어요. 이규보의 문집 《동국이상국집》 가운데 〈대장경판각군신기고문〉이라는 글을 보면 그 마음이 잘 나타나 있어요. "거란군이 침입했을 때 초조대장경을 새겼더니 스스로 물러난 것처럼 이번에도 대장경을 새길 터이니 온 세상의 여러 부처님들이시여, 포악한 오랑캐로 하여금 멀리 도망하여 다시는 우리 국토를 밟는 일이 없게 하여 주십시오."라고 쓰여 있어요.

**《동국이상국집》**
고려 시대 이규보의 문집으로 시와 문장, 역사 이야기가 실려 있어요.

우와! 고려대장경은 무려 8만 장에 달한대요.

## 고려대장경을 만든 사람들

8만 장에 달하는 대장경을 새기는 일은 쉽지 않았어요. 그래서 대장도감, 분사대장도감으로 나뉘어서 대장경을 새기는 일이 진행되었어요. 대장도감에서는 전체 일을 운영하고 분사대장도감을 지휘했을 거예요. 《동국이상국집》을 보면 지방의 관리인 진주 목사와 진주목 부사 등이 분사대장도감에서 부사, 녹사 등의 직책을 맡았다고 해요. 그리고 대장경의 내용과 판각을 총지휘할 사람이 필요했어요. 이는 수기 스님이 담당했어요. 대장경에 판각할 내용이 워낙 방대해서 적어도 백 명에서 이백 명 정도의 사경승이 필요했어요. 이들은 직접 글씨를 써서 판하본을 만들었어요. 그리고 수기 스님과 당시 불교 경전에 밝았던 학자 스님들이 모여서 서로 역할을 나누어 경전의 내용이 틀리지 않았는지 확인했어요.

그럼, 경판이 될 나무를 베어 오고 판자를 만들어 판하본을 붙여 글자를 새기는 일은 누가 했을까요? 우선 나무를 베어서 판자를 만

**판각**
나뭇조각에 그림이나 글씨를 새기는 것을 말해요.

**사경승**
절에서 불경을 옮겨 쓰는 스님이에요.

**판하본**
판에 붙여서 인쇄할 내용을 쓴 종이예요.

# 고려대장경판은 모두 몇 장일까요?

일제 강점기에 처음 이루어진 고려대장경판의 수량 조사에서는 8만 1,258장, 1975년 문화재관리국이 한 조사에서는 총 8만 1,348장이며 중복된 것을 제외하면 8만 1,240장이라고 했지요. 하지만 해인사 장경판전에 있는 경판은 대장경을 판각을 하던 당시에 만든 것이 대부

고려대장경판

분이지만, 보유판도 포함되어 있어요. 보유판이란 대장경 판각 뒤에 만든 경판으로, 고려 시대와 조선 시대에 만든 경판이며 그 수가 2,830여 장입니다. 그러니 이를 제외한 실제 고려대장경판은 7만 8,430여 장이라고 봐야 해요.

**목수와 각수**

나무로 경판을 만드는 데에는 목수와 '각수'라는 사람이 꼭 필요해요. 각수는 나무나 돌에 조각하는 사람이며, 목수는 나무로 여러 가지 물건을 만드는 사람이에요. 두 직업을 나타내는 말에는 모두 '수(手)'라는 글자가 들어가요. 이 글자는 몸에 있는 손을 뜻하는 것으로, 여기에서는 '특별한 손재주'를 가지고 일을 하는 사람에게 붙이는 말이랍니다.

**향리**
고려 시대나 조선 시대에 작은 고을에서 일하던 관리예요.

드는 작업은 목수가 했어요. 목수는 나무를 다루는 모든 지혜와 경험을 동원해서 역사 속에 길이 남을 경판의 바탕을 만들어 냈어요.

목수가 만든 경판에 글자를 새기는 일은 '각수'가 담당했어요. 이 작업은 작은 글자의 획을 하나하나 살리는 것이어서 매우 힘들었을 거예요. 몇 명의 각수가 참여했는지 정확한 기록은 없지만 전국에서 수백 명이상의 많은 사람이 참여했을 거예요.

이 밖에도 대장경의 판각 사업을 결정하고 지원했던 왕족과 관료들, 대장경의 내용을 맡아서 정리한 스님들, 행정적으로 이 일을 감독했던 지방 향리, 실제로 경판을 깎고 만든 목수와 각수 등 다양한 계층의 사람들이 고려대장경을 만들기 위해 정성을 다했어요.

경판을 새기는 데는 12년 정도 걸렸지만 작업을 준비하고 경판을 정리한 시간까지 합치면 16년이 걸렸어요.

**여기서 잠깐!**

### 연결해 보아요.

대장경을 만드는 데에는 많은 사람들의 노력이 필요해요. 어떤 사람들이 어떤 일을 맡아 했는지 선을 그어 알맞게 연결해 보세요.

목수

사경승

각수

수기 스님

판화본을 만들기 위해 불경을 종이에 옮겨 써요.

경판에 글씨를 새겨요.

대장경에 새길 내용을 정하고 정리했어요.

나무로 경판의 바탕을 만들어요.

••정답은 56쪽에

10

# 어떤 나무로 경판을 만들었을까?

당시에 경판을 나무로 만든 이유는 나무가 가장 손쉽게 구할 수 있는 재료였기 때문이에요. 또한 조각하기도 편하고 단단해서 오랫동안 보관할 수 있는 경판을 만들기에 제격이었어요. 경판을 새길 나무는 나무질이 일정하고 나무의 조직이 고른 것이 좋아요. 고운 찰흙에 글씨를 쓰면 선명하지만, 모래와 자갈이 섞인 흙에 쓰면 울퉁불퉁한 것과 마찬가지예요.

그리고 적당히 단단한 나무가 좋아요. 나무가 너무 단단하면 글자를 새길 때 힘이 들고 반대로 무르면 글자를 새기기는 쉽지만 잘 부서지고 경판을 만들었을 때에도 쉽사리 망가질 수 있어요.

나무를 세로로 잘라서 커다란 경판이 여러 장 나올 수 있도록, 나무의 굵기는 한 아름 이상 되어야 해요. 또 나무가 자라면서 한 겹씩 생기는 나이테 모양도 중요해요. 나이테는 추운 계절에는 좁고 단단하게, 더운 계절에는 넓고 무르게 생기지요. 그래서 나무가 자란 곳의 기후에 따라 나이테의 모양이 달라져요. 나무를 잘라 보면 글씨를 새기기 좋은 단단한 부분은 너무 좁고 무른 부분은 너무 넓어서 경판으로 쓰기가 어려워요. 그래서 경판으로 쓸 나무는 나이테가 고르게 퍼져 있어야 하고, 계절의 차이가 크지 않은 곳에서 자란 나무가 더 좋아요.

그럼, 어떤 종류의 나무를 경판으로 썼을까요? 실제로 경판에 사용된 나무는 대부분 산벚나무와 돌배나무였어요. 그 외에 거제수나무, 층층나무, 후박나무 등도 조금씩 쓰였어요. 그중에서도 가장 많이 쓰인 산벚나무는 경판이 될 조건을 두루 갖추었어요. 나무를 잘랐을 때 표면이 매끈한 산벚나무는 먹이 잘 묻어나서 인쇄하기 좋았지요.

> 나무를 잘 골라야 좋은 경판을 만들 수 있어요.

나무를 고르는 목수

**아름**
두 팔을 둥글게 모아서 만든 둘레예요.

## 얼마나 많은 나무를 썼을까?

경판을 만들기 위해서는 굵기가 어느 정도 되는 나무를 통으로 베어 내고 그것을 잘라서 판자로 만들어야 해요. 지름이 50~60센티미터 정도 되는 통나무 하나로 만들 수 있는 경판은 6~8장이 되지요.

그렇다면 이 정도 굵기의 나무를 썼을 때 고려대장경을 다 만드는 데 몇 그루의 나무가 필요할까요? 계산해 보면 8만 장이 넘는 대장경 경판을 만들기 위해서 1만~1만 5천 그루의 나무를 썼을 것으로 짐작되지요.

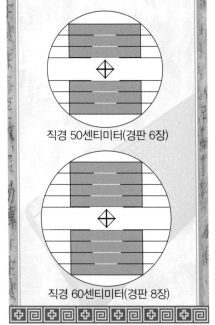

직경 50센티미터(경판 6장)

직경 60센티미터(경판 8장)

산벚나무 껍질
경판을 만들기에 가장 적당한 나무예요. 껍질이 가로로 갈라져서 다른 나무와 구별하기 쉬워요.

더구나 산벚나무는 아주 흔하고 다른 나무와 쉽게 구별할 수 있어서 나무를 구하기 편했어요. 나무껍질이 가로로 갈라져 있고 분홍꽃이 피기 때문에 눈에 잘 띄었어요.

그런데 전에는 경판의 나무로 자작나무를 썼다고 생각했어요. 하지만 나무학자들이 전자현미경으로 경판의 조직을 보았더니, 경판의 나무는 산벚나무나 돌배나무가 대부분이었어요. 그리고 자작나무 조직은 경판에 알맞지 않았고, 재료로 쓸 만큼 흔하지도 않았으니 자작나무로 만들었다는 말은 잘못된 것이었어요.

## 경판으로 쓸 나무는 이렇게 만들었어요

경판을 새기기 위한 판자를 어떻게 만들었을까요? 산에서 나무를 고르는 것부터 통나무를 잘라 평평한 경판을 만들기까지 모든 과정을 정리해 보아요.

1. 먼저 경판으로 쓸 나무를 골라요.

2. 나무를 베고, 1~2년을 그대로 묵혀요.

## 나무를 베어요

경판으로 쓸 나무는 가을에서 이른 봄 사이에 베어 내는 것이 가장 좋아요. 이 때는 나무가 겨울을 나기 위해 잎을 다 떨어뜨리고 잠시 성장을 멈추기 때문이에요.

먼저 큰 아름드리나무를 90센티미터 정도의 길이로 잘라요. 그리고 나무를 그대로 1년 이상을 묵혀 두지요. 원래 나무에는 거센 바람과 눈비에도 꼿꼿이 서 있을 수 있는 힘이 있어요. 그 힘은 나무를 베고 난 뒤에도 한동안 남아 있어요. 그래서 나무를 베고 난 뒤 1년 정도를 두는 데 이를 진을 뺀다고 해요. 만약 바로 베어 낸 나무를 사용하면 나중에 판자가 심하게 갈라지고 휘어지지요. 그래서 1~2년을 그대로 두어 천천히 진을 빼고, 나무 속의 물기가 골고루 퍼진 뒤 사용해요.

힘이 빠진 나무는 판자켜기를 해서 옮겼을 거예요. 그러면 통나무 째로 옮기는 것보다 훨씬 수월했겠지요.

### 나무의 배꼽은 버려요

통나무를 잘라서 판자를 만들 때 배꼽 부분이 들어가면 제일 큰 판자가 나와요. 배꼽 부분은 나이테의 가장 안쪽 동그란 부분을 말해요. 그런데 이 부분이 포함된 나무는 경판으로 쓰지 않았어요. 나무를 말리는 과정에서 배꼽 부분이 갈라지는 경우가 많기 때문이에요.

**아름드리나무**
굵기가 두 팔로 감싼 정도의 나무예요.

**판자켜기**
통나무를 톱으로 켜 넓적한 판자로 만드는 일이에요.

3. 판자를 만들 수 있게 나무를 잘라요.

4. 판자를 소금물에 삶아요.

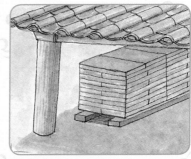
5. 그늘에 쌓아서 말려요.

13

**염도**
물속에 소금기가 있는 정도를 말해요.

## 나무를 소금물에 삶아요

나무는 오랜 시간이 지나면 보통 벌레가 갉아먹고, 뒤틀리고, 갈라지고, 썩어요. 하지만 고려대장경은 이런 현상이 없었어요. 어떤 방법을 쓴 것일까요?

가장 널리 알려진 사실은 경판으로 쓸 나무를 3년 동안 바닷물에 담가 두었다는 것이에요. 하지만 바닷물의 염도가 그리 높지 않아서 썩거나 벌레가 먹는 것을 막기는 어려웠어요. 실제로 썼던 방법은 나무를 소금물에 삶는 것이었어요. 이렇게 하면 나무 표면에 소금이 곱게 발린 상태가 되어요. 이것을 그늘에서 잘 말리면 시간은 오래 걸려도 아주 좋은 경판 재료가 되지요. 즉, 소금 성분이 나무를 살균하고 나무의 결을 삭히는 작용을 했던 거예요. 나뭇결이 부드러워졌으니 글자를 새기기가 훨씬 쉬웠고 보관도 잘되게 했던 것이지요.

## 판자를 평평하게 깎아요

잘 마른 나무를 이제는 크기에 맞게 판자 형태로 자르고 양쪽 면은 평평하게 깎아요. 나무의 표면이 골라야 글씨를 새기기 쉽고 인쇄도 깨끗하게 되거든요. 판자의 표면을 평평하게 깎을 때에는 자귀나 대패를 사용했어요. 고려대장경의 경판을 보면 마치 기계로 깎은 듯 잘 다듬어져 있어요. 요즘에는 자동 기계가 있어서 나무의 표면을 일정하게 깎지요. 하지만 옛날에는 일일히 손으로 밀어 깎았으니 옛날 목수들의 솜씨가 얼마나 좋았는지 알 수 있지요.

## 마구리를 끼워요

마지막으로 판자의 양쪽에 '마구리'라는 나무 조각을 끼워요. 마구리는 판자보다 세로 길이가 두께가 길고 더 두꺼워요. 마구리는 판자와 닿는 부분에 홈을 파고, 판자의 양쪽 끝에 끼우지요. 그런 다음 판자와 마구리를 더욱 단단하게 나무못으로 고정하고 구리 등의 금속으로 만든 장석을 못으로 박아 붙였어요. 어떤 것은 'ㅡ'자 로 마구리의 모서리를 길게 감싸도록 붙였고, 어떤 것은 'T'자로 마구리의 모서리와 앞 뒷면을 감싼 형태로 경판과 연결했어요. 이렇게 나무를 세로로 잘라서 만든 판자에 결이 다른 방향으로 마구리를 끼우면 경판이 쉽게 휘어지지 않았지요. 그리고 나무판보다 두께가 두꺼운 마구리를 끼웠으니 경판이 서로 닿는 것을 방지할 수 있지요.

마구리와 경판을 연결한 장석
마구리를 끼운 뒤 'ㅡ'자형과 'T'자형으로 장석을 박아 고정했어요.

마구리를 끼워서 생긴 경판의 틈
마구리 때문에 경판의 사이가 벌어져 있어서 경판이 서로 닿지 않아 글씨가 훼손되는 것을 막을 수 있어요.

## 여기서 잠깐!

### 빈칸을 채워 보아요.

목수가 나무로 경판을 만들고 있어요. 어떤 도구가 필요할까요? 보기에서 빈칸에 알맞은 낱말을 찾아 써 보세요.

① 경판의 재료는 (                )를 가장 많이 사용했어요.
② 경판이 만들어지면 양쪽에 (                )를 끼웠어요.
③ 판자를 (                )에 삶아서 부드럽게 만들었어요.

보기    마구리, 소금물, 산벚나무

정답은 56쪽에

경판은 대부분 앞뒤 양면에 글자를 새겨 놓았어요. 이 때 글자가 튀어나와 있으니 경판이 서로 부딪히게 되면 글씨가 깨지거나 떨어져 나갈 위험이 있어요. 하지만 경판 끝에 끼워 놓은 마구리 덕에 경판들을 겹쳐 놓아도 글자가 서로 닿지 않았지요. 글씨의 훼손을 어느 정도 막는데 도움이 된 것이지요.

경판의 가로 길이는 64센티미터에서 74센티미터예요. 이것에다 판자 양쪽으로 4센티미터 정도의 마구리를 끼우면 경판 전체의 가로 길이는 68센티미터에서 78센티미터가 되요. 그리고 경판의 세로 길이는 약 24센티미터 정도이고, 두께는 2.8센티미터 정도예요. 그러면 경판의 무게는 보통 3.4킬로그램 정도가 되지요.

이제 글자만 새기면 경판이 완성되지요. 완성된 경판은 아래와 같은 모양이고, 모든 경판이 거의 비슷한 크기예요.

## 경판의 크기

경판이 어떻게 생겼는지 각 부분의 크기는 얼마나 되는지 알아보세요.

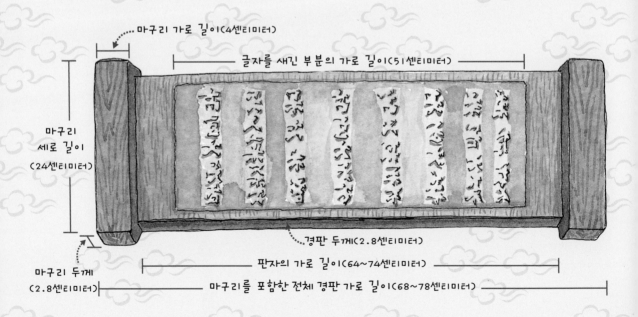

마구리 가로 길이(4센티미터)

글자를 새긴 부분의 가로 길이(51센티미터)

마구리 세로 길이 (24센티미터)

경판 두께(2.8센티미터)

마구리 두께 (2.8센티미터)

판자의 가로 길이(64~74센티미터)

마구리를 포함한 전체 경판 가로 길이(68~78센티미터)

# 목판에 글자를 새겨요

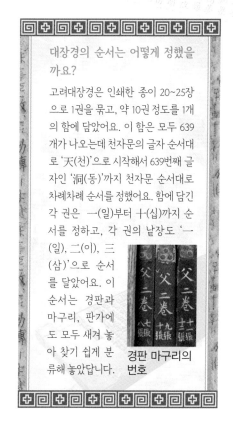

이제 목판에 불경을 새길 차례예요. 경판을 새기기에 앞서 대장경을 만드는 일을 총지휘하는 수기 스님이 우리나라 초조대장경, 북송의 대장경, 거란의 대장경을 서로 비교해서 대장경에 새길 내용을 정리했어요.

대장경을 새길 때는 먼저 불경의 내용을 종이에 옮겨 쓰지요. 경판의 크기에 맞추어 한지를 자른 뒤 그 위에 경전을 옮겨 쓰는 거예요. 판하본을 만든다고 해요. 대장경판이 팔만 장에 달했으니 양면에 새길 판하본은 그의 2배인 16만장에 달해요. 하지만 글씨의 모양은 구양순체로 통일해서 마치 한 사람이 쓴 것 같았지요. 이 당시 사경승들의 솜씨가 워낙 훌륭해서 당시 중국에서 사경승들을 보내달라는 요청도 있었어요. 그래서 100~200명 정도를 보냈다고 해요.

## 대장경의 순서는 어떻게 정했을까요?

고려대장경은 인쇄한 종이 20~25장으로 1권을 묶고, 약 10권 정도를 1개의 함에 담았어요. 이 함은 모두 639개가 나오는데 천자문의 글자 순서대로 '天(천)'으로 시작해서 639번째 글자인 '洞(동)'까지 천자문 순서대로 차례차례 순서를 정했어요. 함에 담긴 각 권은 一(일)부터 十(십)까지 순서를 정하고, 각 권의 낱장도 '一(일), 二(이), 三(삼)'으로 순서를 달았어요. 이 순서는 경판과 마구리, 판가에도 모두 새겨 놓아 찾기 쉽게 분류해 놓았답니다.

경판 마구리의 번호

수기 스님의 지휘에 따라 판하본을 만들고 경판을 새겼어요.

## 판하본을 붙이고 경판을 파요

경판을 파기 위해서는 먼저 써 놓았던 판하본을 뒤집어서 글씨를 쓴 면이 경판에 닿게 붙여요. 그리고 판하본 위에 풀칠을 해서 경판에 고정시켜요.

그 다음에는 각수가 글자가 아닌 부분을 파내 경판에 글자를 새겨요. 이 일은 여러 사람이 나누어서 했어요. 경험과 기술이 없는 사람은 판하본을 붙이고 나무 조각을 치우는 허드렛일을 했지요.

첫 작업인 '초벌새김'은 초보 각수가 시작하지요. 행과 행 사이의 넓은 공간을 파는 거예요. 그 다음에 조금 숙련된 각수가 글자의 섬세한 부분을 뺀 나머지 부분을 파는 '재벌새김'을 해요. 마지막으로 가장 숙련된 각수가 글자의 획을 하나하나 살려가며 목판을 완성하는 '마무리새김'을 해요. 이렇게 해서 완성된 글자는 왼쪽과 오른쪽이 뒤집힌 모양이에요. 그래야 인쇄를 했을 때 글씨가 바르게 찍혀 나오지요.

글자를 다 새겼다고 일이 끝난 것이 아니에요. 혹시 틀리거나 빠진 글자가 있는지 확인하는 일이 남아 있어요. 어떻게 확인했을까요? 바로 시험 인쇄를 해 보는 것이에요. 만약 한 글자가 잘못되었으면 그 글자만 파내고 바른 글자를 새긴 나무를 붙여서 고쳤어요. 여러 글

**숙련**
연습을 많이 해 일을 잘 하는 정도를 말해요.

1. 판하본을 붙이고 풀칠해요.

2. 글자를 파요.

3. 시험 인쇄를 해 보아요.

자가 잘못되었으면 그 줄을 모두 파내고, 새로 새긴 글자의 줄을 끼
워 넣었지요.

## 완성된 경판에 옻칠을 했어요

확인이 다 끝난 경판에는 모두 옻칠을 했어요. 나무 그릇이나 도구
에 윤을 내기 위해 옻나무의 진액을 바르는 거예요. 이렇게 하면 경
판의 바탕이 골라져서 인쇄가 골고루 잘 되지요. 그리고 경판의 보존
상태에도 도움을 주었어요. 옻칠은 경판에 벌레가 먹지 않게 도움을
주거든요. 보통 나무에 옻칠을 하면 반질거리고 물이 스며들지 않아
서 벌레가 먹지 않는답니다.

> 진액
> 나무의 뿌리나 껍질에서 나오
> 는 끈끈한 액체예요.

## 완성된 고려대장경판

여러 단계를 거쳐 경판이 완성되었어요. 경판에 새기는 글자의 크
기나 깊이는 나무의 재질에 따라 결정되었어요. 나무가 단단하면 글
자를 좀 더 작게 새길 수 있지만 한자는 글자의
획이 많아 아주 작게 새기기는 어려워요. 경
판에 글자를 파는 깊이는 평균 2밀리미터인
데, 깊이가 깊을 수록 글자가 쉽게 닳지 않
지요.

**고려대장경판 부분 확대**
글자의 크기는 가로와 세로
가 1.5센티미터 정도예요.

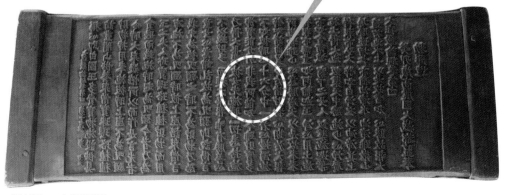

**완성된 고려대장경판**
경판의 양면에 글자를 새겼어요. 한 면에 평균 322자 정도가 들어 있어요. 그래서 경판 한 장에는 644자 정도가 새겨져 있
지요. 경판이 전체 7만8천430여 장이니 무려 5천만 자가 넘는 글자를 일일히 손으로 새긴 셈이에요.

## 인쇄를 해요

이제 인쇄를 해서 책을 만드는 일만 남았어요. 지금부터 인쇄하는 과정에 대해 알아보아요.

경판을 인쇄하기 전에 먼저 먼지를 털어요. 그런 다음 경판의 글씨가 위로 오도록 놓고 경판에 먹물을 골고루 바르지요. 먹물이 마르기 전에 한지를 얹어요. 그리고 먹물이 한지에 잘 배어들게 **마력**으로 가볍게 문질러요. 종이에 먹물이 고루 배면 인쇄가 잘 되었는지 확인하고 떼어 내요.

인쇄가 다 끝나면 경판을 깨끗이 닦고, 소금물로 씻어 내기도 했어요. 이때 반드시 끓인 소금물을 식혀서 사용했어요. 그 이유는 경판에 곰팡이가 생기면 경판이 썩을 수 있기 때문이었어요. 그런 뒤 바람이 잘 통하

🌸 **마력**
말총이나 사람의 머리카락으로 동그랗게 만든 인쇄용 도구예요.

🌸 **발문**
책의 끝에 내용의 줄거리나 펴낸 이유에 대해 간략하게 적은 글이에요.

**반야바라밀다심경**
고려대장경 가운데 하나예요. 불교 경전 중에서 가장 많이 독송(소리 내어 읽거나 외우는 것)하는 반야심경이에요. 모두 260자로 된 독립된 경전이에요.

경판에 먹물을 발라 인쇄해요.

는 그늘에서 완전히 말린 다음 판가에 잘 꽂아 보관

하지요.

그럼 지금까지 고려대장경을 몇 번이나 인쇄했을까

요? 그에 대한 기록은 아직 정확하지 않아요. 고려대

장경을 새겼을 당시 인쇄한 판본이 어디에 남아 있는

지도 밝혀진 사실이 없어요. 단 1381년에 찍은 판본

수다라장 중앙 통로
위쪽에 보관되어 있는
고려대장경 책

이 일본의 오따니 대학에 보관되어 있다

고 해요. 그리고 일제 강점기 때 두 차

례 인쇄를 한 적이 있어요. 이 판본에는

고려 말의 유명한 문신인 이색의 발문이

붙어 있어요. 1961년에도 전질을 인쇄했

는데 14부 중에서 4부가 우리나라에 남

아 있어요. 나머지는 일본, 미국, 영국,

호주, 대만 등에 보냈어요.

**고려대장경 중 불멸경**
일본 오따니 대학 도서관에 소장되
어 있어요.

인쇄가 끝난 경판은 깨끗하게 씻어서 말린 뒤 판가에 다시 꽂아 잘 보관해요.

# 고려대장경은 어디에서 새겼을까?

해인사의 고려대장경은 어디에서 만든 것일까요? 이에 대한 기록이 《고려사》와 《조선왕조실록》에 남아 있어요. "고려 고종 때 16년에 걸쳐 경판을 새긴 다음, 성서문 밖 대장경 판당에 보관했다가 강화도 선원사를 경유하여 조선 태조 때 해인사로 옮겨와 오늘에 이른다."라고요. 그래서 고려대장경을 만든 대장도감이 강화도 선원사에 설치되어 만들어졌다고 알려져 있었어요.

**고려대장경 판각 사업에는 속셈이 있었다?**

고려대장경 판각 사업을 진행했던 당시 무신 정권은 몽골이 침입하자 백성을 버리고 강화도로 도성을 옮기고 몸을 피했어요. 그러자 자신들을 버린 무신 정권에 대한 백성들의 원성이 자자했어요. 이러한 백성들의 불만을 다른 데로 돌리기 위해 대장경 판각 사업이라는 큰일을 추진했던 것이기도 해요. 당시 이 일을 주도한 사람은 무신 정권의 실제 권력자였던 최우였어요.

하지만 고려대장경이 만들어진 곳은 강화도가 아니라 지금의 경상남도 남해군일 것으로 추측하고 있어요. 이렇게 말하는 데에는 세 가지 이유가 있어요.

첫째, 고려 조정은 백성들을 버리고 강화도로 피난을 갔고, 그곳에서 몽고군과 대치하고 있었지요. 그런 장소에서 대장경판을 만들 수는 없었을 거예요. 또, 강화도는 해인사와 아주 멀리 떨어져 있어서 그곳에서 옮겼다면 경판에 크고 작은 흠집이 생겼을 거예요. 하지만 경판의 표면에 부서진 흔적은 보이지 않아요.

둘째, 강화도 선원사를 세운 시기와 대장경 작업을 한 시기가 맞지 않아요. 선원사가 완공된 1245년은 대장경판이 90% 이상 만들어진 시기예요. 건물을 짓고 있는 절에서 경판을 만들었을 리가 없지요.

셋째, 경판을 만든 시기와 담당한 관청 등을 새긴 '간기' 부분을 조사해 보면 '분사남해

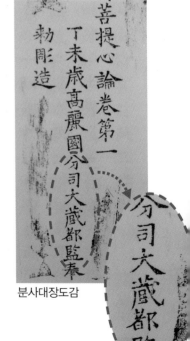

분사대장도감

대장도감'과 '대장도감'이라는 관청의 이름이 나와요. 그리고 각수의 이름도 나오지요. 그런데 같은 시기에 판각된 경판의 대부분에 '대장도감'이라고 표기되어 있는데, 중간의 몇 개에만 '분사남해대장도감'이라고 새겨져 있어요. 또, 비슷한 시기에 '최동'이라는 각수가 새긴 경판에 어떤 것은 '대장도감', 어떤 것은 '분사남해대장도감'이라고 되어 있어요. 그렇다면 '최동'이라는 각수는 거리가 먼 두 곳을 왔다갔다 했을까요? 이것은 시간상으로도 불가능했고, 굳이 멀리 떨어진 두 곳을 왔다갔다하며 경판을 새겼을 리가 없어요. 이 사실로 보아 대장도감과 분사남해대장도감이 멀리 떨어진 곳이 아닌 가까운 곳에 있었고, 그곳이 남해군이라는 것이지요. 그 밖에도 경판에 쓰인 나무의 종류가 남해 부근에서 많이 자라는 나무라는 것과, 몽골군 공격을 피해 작업할 곳이 남해밖에 없었다는 것도 이유가 될 수 있지요.

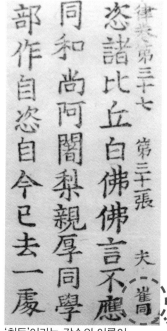

'최동'이라는 각수의 이름이 있어요.

최동

여기서
**잠깐!**

### 고려대장경과 숫자

고려대장경이 만들어진 이야기를 잘 들어보았나요? 고려대장경에 대한 이야기 속에서 다양한 숫자를 찾아 써 보세요.

① 고려대장경의 경판은 모두 몇 장일까요? _____

② 고려대장경이 세계기록유산으로 등재된 때는 몇 년일까요?

③ 몽고의 침입이 있던 때는 몇 년이었을까요? _____

④ 고려대장경판을 새기는 데 걸린 시간은 준비 시간까지 더해
   얼마나 걸렸을까요?
   _____

정답은 50쪽에

# 우리나라 인쇄 기술의 역사

'인쇄'는 도장을 찍듯이 같은 내용을 반복해서 찍어 내는 것이에요. 최초의 인쇄는 나무판에 글씨나 그림을 새겨서 찍어 내는 목판 인쇄였어요. 우리나라는 삼국 시대 말부터 목판 인쇄가 널리 쓰이기 시작했을 거라고 해요.

우리나라에서 제일 오래된 목판 인쇄물은 《무구정광대다라니경》으로 세계에서도 제일 오래되었어요. 1966년에 석가탑을 보수하다가 발견되었지요. 751년에 석가탑을 만들었으니 적어도 그 전에 《무구정광대다라니경》을 만들었을 거예요. 그 전까지 세계에서 제일 오래된 목판 인쇄물은 770년에 간행된 일본의 《백만탑다라니경》이었어요. 하지만 《백만탑다라니경》은 《무구정광대다라니경》의 일부 내용을 새긴 것이니 《무구정광대다라니경》이 그 전에 만든 것이 분명하지요. 《무구정광대다라니경》은 두루마리 형태의 인쇄물로 길이가 무려 7미터에 이르고 판각술이 정교해서 힘있는 글자체가 돋보인답니다.

신라의 목판 인쇄술은 고려에 이어져 대장경과 다양한 책을 만들었어요. 1007년 총지사 주지 스님이 인쇄한 《보협인다라니경》 권 머리에는 불교와 관련된 그림도 새겨져 있어요.

그 뒤 고려의 목판 인쇄술은 1011년에 초조대장경을 만들고, 1091년에 교장*, 1237년에 고려대장경을 만들면서 절정에 달했어요. 이렇게 인쇄 기술이 발달하면서 한꺼번에 여러 권의 책을 찍는 것이 가능해지자 많은 종이가 필요하게 되었어요. 게다가 한 자씩 쓰는 것이 아니라 인쇄판으로 찍는 것이다 보니 자연스럽게 종이 제조술도 발달하게 되었어요. 그리고 글씨를 또렷하게 인쇄하려면 먹이 좋아야 해서 송연묵* 제조술도 발달했지요.

목판 인쇄를 하는 모습이에요.

무구정광대다라니경

고려 시대에는 금속 활자가 세계 최초로 발명되었어요. 고려 시대의 금속 활자 인쇄는 세계적으로 인정받고 있어요. 고려 우왕 3년인 1377년 청주 흥덕사에서 찍은 《직지심체요절》은 세계 최초의 금속 활자본으로 지금은 프랑스 파리 국립도서관에 보관되어 있어요.

조선 시대에 이르러서는 주자소라는 중앙 관청을 설치하여 금속 활자를 만들었어요. 하지만 금속 자체가 워낙 귀하고 비싸서 여전히 목판 인쇄가 널리 쓰였어요. 정해진 내용을 수차례 인쇄해야 할 경우에는 금속 활자보다 비용이 적게 드는 목판 인쇄를 선호했다고 해요. 절에서 만든 사찰판, 서원에서 만든 서원판, 개인이 집에서 만든 사가판 등으로 꾸준히 목판 인쇄를 했었지요.

이렇게 우리 조상들은 목판 인쇄와 금속 활자 인쇄의 장단점을 잘 알고 찍을 내용에 따라 인쇄 방법을 달리 했어요. 이를 통해 생활 속에 인쇄 문화가 깊숙이 자리잡았다는 것을 짐작할 수 있지요.

*교장 : 대장경 연구와 주석의 내용 중 낱말이나 문장의 뜻을 쉽게 풀이해서 써 놓은 책이에요.

*송연묵 : 소나무를 태울 때 생기는 그을음으로 만든 먹이에요.

**금속 활자**

네모 기둥 모양의 금속 윗면에 문자나 기호를 볼록 튀어나오게 새긴 것을 말해요. 활자 인쇄는 찍을 내용에 들어가는 활자를 모아 판을 만들어 찍는 것이지요. 목판 인쇄가 정해진 내용밖에 못 찍는다면 활자 인쇄는 어떤 내용이든 활자를 모아서 찍을 수 있답니다.

금속 활자

직지심체요절

금속 활자를 맞추는 모습

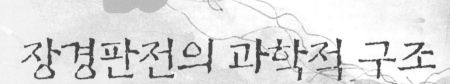

# 장경판전의 과학적 구조

장경판전은 고려대장경을 보관하고 있는 건물로 만들어진 지 760년이 지났어요. 고려대장경이 아무리 훌륭한 문화재라도 제대로 보존되지 않았다면 지금에 와서 그 가치를 제대로 평가받기는 어려웠을 거예요. 하지만 고려 사람들이 치밀한 계산을 하고 건물을 지은 덕분에 고려대장경은 오랜 세월을 무사히 지냈어요.

해인사의 가장 깊숙한 곳에 자리하고 있는 장경판전은 모두 네 채의 건물로 이루어져 있어요. 겉에서 보면 아무 특징이 없어 보이지만 그 안에는 오랜 세월을 이기고 보물을 지킨 우리 조상들의 지혜와 솜씨가 담겨 있어요. 지금부터 장경판전을 잘 둘러보고 각 건물의 이름은 무엇이며, 어떤 과학적 구조가 숨어 있는지 살펴보아요.

장경판전 입구

수다라장 월문

# 장경판전의 건물들

🏵 **판전**
경판을 보관하고 있는 곳이에
요.

🏵 **배흘림기둥**
기둥의 가운데 부분이 가장
굵고 위나 아래가 좀 더 가늘
어요.

장경판전은 해인사의 가장 깊숙한 곳에 자리잡고 있어요. 모두 네
채의 건물로 이루어져 있고 장경판전은 서남향을 바라보고 있어요.
화강암으로 주춧돌을 놓고 그 위에 배흘림기둥을 세웠어요. 이 기둥
은 지붕으로 바로 이어지고, 지붕은 네 개의 면으로 된 우진각지붕을
얹었어요.

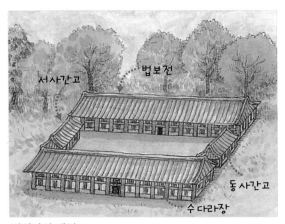

**장경판전 배치도**

서사간고 · 법보전 · 동사간고 · 수다라장

**장경판전 입구**
'팔만대장경'이라는 현판이 붙어 있는 이 문이 장경판전으로 들어
가는 입구예요. 장경판전에는 모두 네 채의 건물이 있어요.

**장경판전**
해인사 가장 안쪽에 자리하고 있어요. 수다라장, 법보전, 동사간고, 서사간고
네 채의 건물로 이루어져 있어요.

고려대장경판을 보관하고 있는 수다라장과 법보전은 폭이 15칸 길이가 60미터나 되는 긴 건물로 두 채가 서로 마주보고 있어요. 두 건물의 양 끝 사이에는 폭이 2칸, 길이가 7.5미터인 동·서사간고가 있지요. 이 건물들도 고려각판을 보관하고 있는 판전이에요. 네 개의 건물 모두 커다란 살창을 달아 통풍과 채광이 잘 되도록 설계했어요.

장경판전은 고려대장경의 보관 기술을 살려 지은 점을 인정받아 1995년 세계문화유산으로 등재되었어요.

자, 그럼 지금부터 장경판전의 건물들을 하나하나 둘러볼까요?

**수다라장 월문**
장경판전의 가장 앞 건물로 입구를 종 모양으로 뚫어 놓았어요.

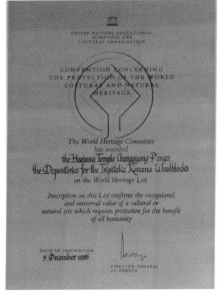

**유네스코 인증서**
장경판전이 세계문화유산에 등재된 것을 증명하는 문서예요.

**수다라장 판가 입구**
평소에는 잠궈 놓아서 안으로 들어갈 수 없어요. 월문 오른쪽에 입구가 있어요.

**법보전 판가 입구**
법당 문 양옆으로 난 작은 문이 판가 입구예요.

'팔만대장경'이라는 현판이 붙은 장경판전의 문을 들어서면 수다라장이 나와요. 현판의 '수다라'는 불교 경전을 의미하는 인도 산스크리트 어인 '수트라'의 한자 표현이에요. 경전을 보관하고 있는 곳이라는 뜻이지요. 수다라장의 입구는 문이 동그랗다고 해서 월문이라고도 해요. 월문 안으로 들어가면 오른쪽에 경판이 보관돼 있는 판가로 들어가는 문이 있어요. 판가의 벽은 안이 훤히 들여다보이는 살창이어서 판가 내부를 볼 수 있어요. 판가 안에는 판가 꽂이가 늘어서 있고 그 안에 경판들이 차곡차곡 꽂혀 있어요. 그 모습이 마치 책을 가득 꽂아둔 도서관 같아요.

수다라장의 뒷문을 지나 장경판전 마당으로 나오면 마주 보고 있는 건물이 바로 법보전이에요. 수다라장과 법보전은 크기가 같은 건물이에요. 정면 15**칸**, 측면 2칸으로 된 큰 건물이에요. 마주 보는 두 건물은 기둥의 개수도 같고 크기도 같지요.

'법보'는 '대장경'을 뜻하는 말이에요. 그래서 법보전은 경판을 보관하고 있는 건물이라는 말이지요. 법보전에는 법당이 있는데, 이곳에 석가모니 불상이 있고 하루 3번 예불을 올려요.

법보전 법당 문 양옆을 한번 볼까요? 작은 문이 보일 거

**수다라장 뒷모습**
법보전 앞면과 마주하고 있으며 위의 창이 아래 창보다 커요.

**법보전 앞모습**
수다라장 뒷면과 마주하고 있으며 아래 창이 위 창보다 커요.

예요. 이 문이 바로 법보전의 판가로 들어가는 문이에요.

이제 수다라장과 법보전의 창문을 한번 살펴볼까요? 보통 전통 건축물의 창문에는 창호지가 발라져 있어요. 하지만 장경판전의 문은 기다란 살만 달린 살창문이에요. 바로 이 점 때문에 채광과 환기를 도와 나무로 된 경판을 잘 보관할 수 있었습니다.

수다라장과 법보전의 양옆을 보면 동·서사간고가 있어요. 법보전을 앞에 두고 보았을 때 왼쪽에 서사간고가 있고, 오른쪽에는 동사간고가 있어요. 정면 2칸, 측면 1칸의 작은 건물로 서로 마주보고 있으며 크기나 겉모습이 쌍둥이처럼 똑같아요.

동·서사간고는 고려 시대 사찰에서 간행한 사간판과 조선 시대 간경도감에서 판각한 것, 일반 사찰에서 새긴 경판들이 보관되어 있어요. 이곳도 경판을 보관하고 있는 판전이기 때문에, 앞 쪽의 벽을 출입할 수 있는 문을 제외하고는 살창으로 만들어서 환기가 잘 되도록 했어요.

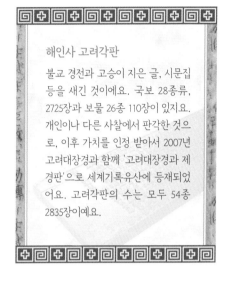

🌰 **칸**
2개의 기둥 사이가 한 칸 이에요.

**해인사 고려각판**
불교 경전과 고승이 지은 글, 시문집 등을 새긴 것이에요. 국보 28종류, 2725장과 보물 26종 110장이 있지요. 개인이나 다른 사찰에서 판각한 것으로, 이후 가치를 인정 받아서 2007년 고려대장경과 함께 '고려대장경과 제경판'으로 세계기록유산에 등재되었어요. 고려각판의 수는 모두 54종 2835장이예요.

**동사간고의 살창 부분 확대**
동사간고의 앞면도 살창으로 되어 있어요.

**서사간고**
수다라장 왼쪽에 있는 건물로, 동사간고와 마주 보는 작은 건물이에요. 출입할 수 있는 문과 살창으로 되어 있어 환기가 잘 되지요.

**동사간고**
서사간고와 마주 보는 건물로, 건물의 크기나 모양새가 서사간고와 쌍둥이처럼 같아요.

# 햇빛이 잘 들고 바람이 잘 통하고

장경판전은 겉에서 보면 커다란 살창이 있는 것 말고는 특별한 장식이나 장치가 없는 건물이에요. 하지만 이 안에서 760년이 넘도록 고려대장경이 무사히 보관되어 있었어요. 특별한 장치 하나 없이 고려대장경을 온전하게 지킨 비결이 무엇일까요? 그 비밀은 바로 장경판전의 위치와 구조에 있어요. 그럼, 지금부터 그 비밀을 풀어 볼까요?

첫째, 장경판전은 바람이 잘 통하는 경사지에 서남향을 바라보게 지었어요. 건물을 서남향으로 지으면 해가 동쪽에서 떠서 서쪽으로 지는 동안 햇빛이 들어오는 시간이 길고 건물 앞으로 그림자가 지지 않아요. 원래 장경판전 뒷산에서는 습한 바람이 불어오는데 하루 종일 비치는 햇빛이 습기를 날려 주지요. 그래서 장경판전 안에는 습기가 없는 바람이 장경판의 살창을 통과하여 판가 구석구석의 공기를 순화시켜 주어서 경판이 썩지 않지요.

## 바닥의 비밀은 없었다!

장경판전의 바닥에 대해 항간에서는 숯, 찰흙, 모래, 소금, 횟가루를 뿌려 두어서 이것이 습도를 조절한다는 주장이 있었어요. 하지만 최근 밝혀진 연구 결과는 아무것도 없는 흙바닥이었어요. 공기가 잘 통해서 흙 고유의 습도 조절 기능만으로도 경판을 잘 보관할 수 있었던 것이지요.

**장경판전의 방향**
서남향을 바라보게 지어서 하루 동안 햇빛이 들어오는 시간이 길어요.

살창으로 들어간 바람이 판가와 경판 사이의 틈으로 골고루 들어가 공기를 순환시켜서 경판을 온전하게 보존하는 데 큰 역할을 하지요.

둘째, 장경판전의 지붕은 진흙으로 구운 기와를 올렸어요. 그런데 왜 진흙으로 구운 기와를 올렸을까요? 비밀은 바로 열전도율에 있어요. 진흙기와는 열전도율이 낮아서 온도 변화가 적어서 건물 속의 온도를 일정하게 유지할 수 있고 경판을 보관하기에 알맞지요.

그런데 1955년 이승만 대통령 때 장경판전의 오래된 기와를 벗기고 구리기와를 얹은 적이 있었어요. 그러자 여러 가지 문제점이 발견되었어요. 그 중 하나가 구리의 열전도율이었어요. 구리의 열전도율이 높아서 건물 안의 온도 변화가 커진 것이지요. 그렇게 되면 경판에 이슬이 맺히거나 썩을 수도 있었어요. 그래서 다시 진흙기와로 바꾸었고, 장경판전은 전처럼 유지되었어요.

셋째, 장경판전은 위아래로 서로 크기가 다른 살창을 갖고 있어요. 수다라장 앞쪽 벽의 창은 위보다 아래 창의 크기가 4배 정도 커요. 또 뒷면은 위의 창이 아래의 창보다 크지요. 아래 사진처럼 창의 크기를 위와 아래, 앞쪽과 뒤쪽을 다르게 하니 공기가 들어와서 곧바로 나가지 않고 안에서 돌게 되어요. 특히 차가운 공기가 아래 창으로 들어와서 안에서 돌다가 더워지면 앞의 큰 창으로 나가는 거지요. 이

🎴 열전도율
물체 속에서 열이 이동하는 정도를 나타내는 수치예요.

**수다라장 앞쪽 살창**
수다라장 앞 살창은 위보다 아래가 작아요. 법보전의 앞 살창도 마찬가지예요.

**법보전 뒷쪽 살창**
법보전 뒷쪽 살창은 윗 살창이 아래보다 커요. 수다라장도 뒷쪽 살창이 더 크지요.

렇게 해서 판가 구석구석에 공기를 순환시켜 주는 거예요. 바로 이 점이 나무로 된 경판이 오래도록 썩지 않은 비결이에요.

마지막으로 판가에 바람이 잘 통하도록 만들었어요. 판가는 경판을 꽂아두는 책꽂이와 같은 것이에요. 일반 책꽂이는 책을 꽂는 앞면만 뚫려 있고 옆과 뒤는 막혀 있지요. 하지만 판가는 막힌 면이 없어요.

굵은 나무로 기둥을 만들고, 가로로도 나무 기둥을 끼웠어요. 그래서 바닥이 막히지 않고 가운데 부분은 뚫려 있지요. 이렇게 사면이 뚫린 판가는 사방으로 공기가 통하기 때문에 경판에 습기가 찰 염려가 없어요. 그리고 각 경판마다 경판보다 두께가 두꺼운 마구리를 끼워 놓았기 때문에 판가에 꽂은 경판과 경판 사이도 벌어져 있어요. 이 틈으로도 공기가 통하는 것이지요.

이번에는 판가의 맨 아랫면을 한번 볼까요? 판가의 맨 아랫면은 판전의 바닥에서 떨어져 있어요. 그리고 막혀 있지 않고 뚫려 있지요. 이런 판가의 구조 덕분에 맨바닥부터 꼭대기까지 막히지 않고 공기가 통한답니다.

**고려대장경판을 보관하는 수다라장 판가**
판가는 모두 다섯 칸으로 나뉘어 있어요. 한 칸에 두 줄씩 경판을 꽂아요.
맨 밑부분이 바닥에서 떨어져 있고 맨 위에도 빈 공간이 있어요.
그리고 경판 사이사이가 모두 틈이 있어 경판에 습기가 차지 않아요.

장경판전을 얼핏 보면 아무런 장치가 없는 간단한 건물처럼 보이기도 하지요. 하지만 간단해 보이는 구조 속에 고려대장경을 지키는 놀라운 비밀이 숨어 있었던 것이에요. 장경판전을 처음 지을 때부터 위치, 온도, 자연 현상 등 모든 것을 치밀하게 계산해 자연을 해치지 않으면서도 잘 이용한 선조들의 지혜에 새삼 놀라게 되지요.

**판가의 옆 부분**
판가는 사방이 뚫려 있어요.

**판가의 앞 부분**
윗부분에 선반처럼 달린 부분은 높은 곳에 꽂힌 경판을 꺼낼 때 올라설 수 있는 받침대 같은 것이에요.

우와! 판가의 바닥부터 꼭대기까지 막힌 곳이 하나도 없다니 정말 놀라워요!

**판가의 아래 부분**
경판 양 쪽에 마구리를 끼웠기 때문에 경판의 틈이 벌어져 있어요.

# 언제 장경판전을 지었을까?

고려대장경판이 만들어진 지 760년이 넘었어요. 그렇다면 장경판전이 지어진 지는 얼마나 되었을까요? 처음 고려대장경판을 만들었을 때 장경판전을 지었겠지만 지금까지 그 기록은 아무것도 발견되지 않았어요. 다만 수리한 기록, 수리할 때 나온 유물을 보고 그 시기를 짐작해 볼 뿐이에요.

첫 번째 시기는 고려 초기예요. 장경판전에는 고려대장경 외에 '고려각판'이라는 경판이 있어요. 국가적으로 진행된 고려대장경과 달리 개인이나 절에서 따로 만들어 보관해 온 것이지요. 고려각판 중에는 고려대장경 이전에 만들어진 것도 있어, 이를 보관하던 판전은 고려 초기부터 있었을 거라고 짐작할 수도 있어요.

두 번째 시기는 1622년 이전이에요. 1964년 시작한 장경판전 보수 공사 때 수다라장과 법보전의 지붕에서 **묵서**와 **상량문**이 발견되었어요. 여기에 1622년에는 수다라장을, 1624년에는 법보전을 수리했다는 기록이 있어요. 장경판전과 같은 목조 건물은 **서까래**와 기와만 바꿔

**묵서**
먹물로 쓴 글씨가 적힌 종이를 말해요.

**상량문**
집을 새로 짓거나 고친 과정, 이유와 날짜 등을 쓴 글이에요.

**서까래**
마룻대에서 도리 또는 보에 걸쳐 놓은 나무를 말해요.

## 고려대장경과 장경판전이 겪은 위기의 순간들

고려대장경과 장경판전은 그동안 여러 차례 손실될 위기에 처했었어요. 언제 어떤 위험이 있었는지 함께 살펴보아요.

조선왕조실록에 따르면 일본 사신이 올 때마다 고려대장경을 달라고 해서 주었다고 해요. 나중에는 경판을 달라고 했는데 주지 않았어요.

임진왜란 때 왜군들이 고려대장경을 약탈하려고 했어요. 그러나 이 지방에 일어난 의병들이 해인사를 지키고 있어서 가져갈 수 없었어요.

주면 백 년은 거뜬히 견딜 수 있다고 해요. 그렇다면 1622년에 수리했다는 것은 그보다 훨씬 이전에 지어졌을 거라고 짐작할 수 있지요.

세 번째 시기는 조선 전기 이전이에요. 2002년 2월에 장경판전의 바닥을 조사하면서 수다라장 동편 바닥에서 분청사기로 만든 접시나 그릇 같은 도자기 조각이 나왔어요. 분청사기가 실생활에 널리 쓰이기 시작한 것은 조선 전기 때라고 해요. 그래서 장경판전을 지은 때가 조선 전기 이전일 것이라는 추측이 가능하답니다.

네 번째 시기는 조선의 세조 때예요. 조선왕조실록의 《세조실록》을 보면 건물이 비좁아서 장경판전을 수리했다는 기록이 나와요. 대장경을 50벌 인쇄하고 판전을 40칸으로 늘렸다고 하니 장경판전의 건축 시기는 그 이전이라고 짐작할 수 있어요.

장경판전을 언제 지었는지 지금까지 정확한 기록을 알지 못하지만 오랜 세월 동안 여러 가지 위험 속에서 고려대장경을 지킨 것만은 참 다행한 일이에요.

🏵 분청사기
청자에 백토분을 발라 다시 구워 낸 청자예요.

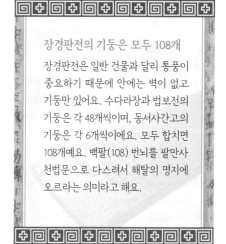

장경판전의 기둥은 모두 108개
장경판전은 일반 건물과 달리 통풍이 중요하기 때문에 안에는 벽이 없고 기둥만 있어요. 수다라장과 법보전의 기둥은 각 48개씩이며, 동서사간고의 기둥은 각 6개씩이에요. 모두 합치면 108개예요. 백팔(108) 번뇌를 팔만사천법문으로 다스려서 해탈의 명지에 오르라는 의미라고 해요.

한국 전쟁 때 북한군을 소탕하기 위해 해인사를 폭격하라는 명령에 김영환 대령이 해인사 주변만 폭격해서 장경판전과 고려대장경판이 소실되지 않았어요.

해인사에는 1695년부터 1871년까지 총 7차례의 화재가 있었어요. 하지만 다행히 장경판전에 불이 옮겨간 적은 없었어요.

# 해인사 이야기

　고려대장경과 장경판전이 있는 해인사는 오랜 역사를 간직한 절이에요. 고려 대장경은 어떻게 해서 해인사에 오게 되었을까요? 그 밖에 해인사에 얽힌 전설과 역사 속 사건에 대해 알아보아요. 무엇 때문에 해인사를 짓게 되었으며 어떤 일이 있었는지 알게 될 거예요.

　장경판전에 이르기까지 해인사에서 보게 될 건물에 대해서도 알아보아요. 일주문을 시작으로 대적광전을 지나 장경판전에 이르기까지 해인사의 구석구석을 둘러보아요. 여러 건물을 보며 우리나라의 절은 어떤 특징을 가지고 있는지, 어떤 건물들이 있는지 기본 구조도 살펴보세요. 그리고 불상, 사천왕, 범종과 법고 등을 보며 불교에 대해서도 알아보아요.

일주문

운판과 목어

# 한눈에 보는 해인사

세계문화유산으로 등재된 우리나라의 자랑스러운 문화재 고려대장경과, 이를 보관하고 있는 장경판전이 있는 곳은 바로 합천의 해인사예요. 아름다운 가야산 풍경 속에서 해인사를 돌아보며 고려대장경과 장경판전을 찾아가 보세요.

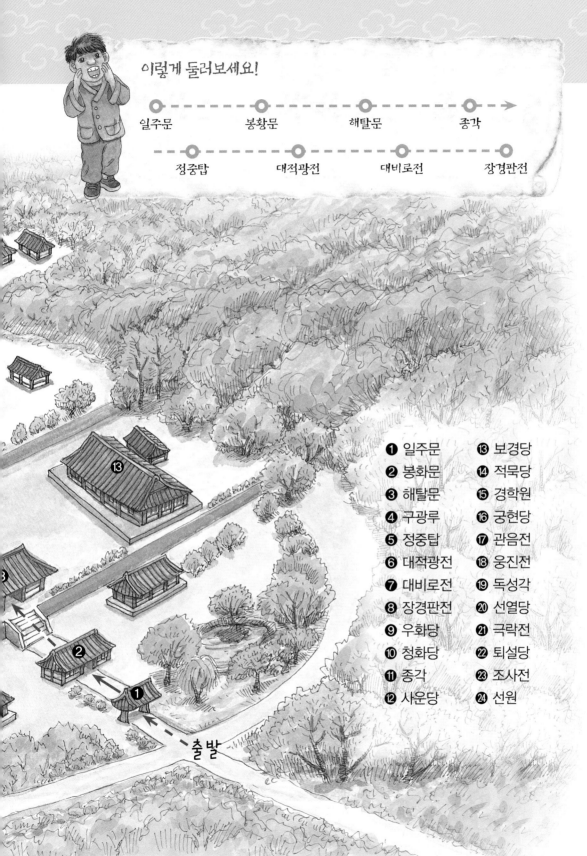

이렇게 둘러보세요!

일주문 → 봉황문 → 해탈문 → 종각
정중탑 → 대적광전 → 대비로전 → 장경판전

❶ 일주문
❷ 봉화문
❸ 해탈문
❹ 구광루
❺ 정중탑
❻ 대적광전
❼ 대비로전
❽ 장경판전
❾ 우화당
❿ 청화당
⓫ 종각
⓬ 사운당

⓭ 보경당
⓮ 적묵당
⓯ 경학원
⓰ 궁현당
⓱ 관음전
⓲ 웅진전
⓳ 독성각
⓴ 선열당
㉑ 극락전
㉒ 퇴설당
㉓ 조사전
㉔ 선원

출발

# 법보사찰, 해인사

가야산 깊숙히 자리 잡고 있는 해인사는 신라 애장왕 때 지은 절이에요. 왕비의 병을 낫게 해 준 순응과 이정 두 스님이 수행하던 가야산의 작은 암자 자리에 애장왕이 감사의 마음으로 절을 짓게 했어요.

'해인'이라는 절의 이름에는 해인사에서 수행하는 스님들이 마음의 고민과 갈등을 없애고 우주의 이치를 깨닫기 바라는 마음이 담겨 있지요.

그 때문인지 해인사에서는 대각국사 의천과 승병을 일으켜 나라를 구한 사명대사 등 큰 스님들이 많이 나왔어요. 또 신라의 문장가 최치원, 고려의 백운거사 이규보, 조선의 추사 김정희 등이 해인사와

**해인사 전경**
절이 세워진 뒤 여러 차례 큰불이 나서 많은 건물이 불탔어요. 하지만 지금도 75개의 말사본 절에 속하거나 갈라져 나온 절와 16개의 부속 암자를 거느리고 있어요.

주변 절에서 자신의 글과 글씨를 갈고닦았지요.

해인사는 통도사, 송광사와 함께 우리나라 '삼보사찰'로 꼽혀요. '삼보사찰'은 '세 가지 보물을 가지고 있는 절'이라는 뜻이에요. 통도사는 부처님 진신사리*를 봉안*하고 있어 '불보사찰', 송광사는 고려 시대에만 16명의 국사를 키워낸 절이어서 '승보사찰'이라고 불렀어요. 그리고 해인사는 부처님의 가르침인 대장경을 봉안하고 있기 때문에 '법보사찰'이라고 불렀지요.

*진신사리 : 부처님의 몸을 화장하고 남은 유골이에요.
*봉안 : 중요한 것을 받들어 모시는 것이에요.

**해인사 창건기**
해인사 대적광전의 벽화에 그려진 벽화로 해인사를 짓게 된 이야기가 담겨 있어요. 순응과 이정 두 스님이 있어요.

# 해인사를 둘러보아요

해인사는 오랜 전통만큼 볼거리가 다양한 절이에요. 지금부터 해인사를 구석구석 둘러보며 자세히 알아보아요.

## 해인사로 들어가는 문

해인사의 첫 번째 문인 일주문은 문의 양옆 기둥이 한 줄이어서 생긴 이름이에요. 마음을 한 곳으로 모으자는 뜻이 담겨 있어요.

일주문을 지나면 봉황문이 나와요. 무시무시한 모습의 사천왕이 양옆을 지키고 있어 '천왕문'이라고도 해요. 사천왕은 절을 지키는 네 명의 천왕으로 나쁜 귀신을 내쫓고, 부처님의 도량을 지키는 신들이에요.

세 번째 문인 해탈문은 절의 중앙으로 들어가는 마지막 문이에요. 이 문을 지나가는 사람들은 마음을 닦고 부처님의 가르침을 깨우쳐서 부처님 세상으로 들어가라는 의미가 담겨 있어요.

**도량**
부처나 보살이 도를 깨우치는 곳으로 절을 가리키기도 해요.

**일주문**
해인사의 첫 번째 문이에요. 문의 양옆 기둥이 하나로 되어 있어요.

**범종각대종**
네 명의 보살이 새겨져 있어요.

**목어**
나무를 깎아 만든 물고기 모양의 소리를 내는 도구예요.

**법고**
스님들이 승무를 출 때 두드리는 악기예요.

## 종각과 해인도

세 개의 문을 지나면 나타나는 앞마당에는 종각이 있어요. 종각 안에는 목어, 운판, 범종, 법고가 있어요. 부처님 앞에서 염불이나 예불을 할 때, 그리고 사람들을 모을 때에도 두드려요. 목어는 나무를 물고기 모양으로 깎은 것으로, 몸통 아래에 있는 큰 구멍에 막대를 넣어 두드려서 소리를 내요. 목어 옆에 매달려 있는 뭉게구름 모양의 운판은 두드리면 은은한 소리가 나요. 그 옆에는 네 명의 보살이 새겨진 '범종각대종'이라는 큰 종이 있는데, 절에서 시간을 알릴 때에도 치지요. 제일 오른쪽에 있

## 마음을 나누는 공양

해인사를 돌아보다 보면 배가 출출해질 거예요. 그럴 때는 관음전 뒤에 있는 식당에서 공양을 해 보세요. 절에서는 식사를 '공양'이라고 하며 공양 때 사용하는 그릇을 '발우'라고 해요.

1. 공양 시간이 되면 발우를 가지고 자기 자리에 앉아요.

2. 죽비를 세 번 치면 손을 모아 절을 하고 발우를 펴요.

3. 죽비를 한 번 치면 음식을 먹을 만큼 받아요.

4. 죽비를 한 번 치면 합장한 자세로 오관게(공양할 때 외우는 게송)를 외우며 공양의 의미를 생각해요.

5. 죽비를 세 번 치면 절을 하고 조심조심 공양을 해요. 이때 식사가 끝나면 발우를 닦기 위해 김치를 남겨 놓아요.

는 커다란 북인 법고는 스님들이 승무
를 출 때에 빠질 수 없는 악기예요.

그런데 종각 옆 마당을 보면 땅바닥
에 커다란 네모가 그려져 있어요. 미로
처럼 보이는 이 그림은 '해인도'라고 해
요. 해인도는 의상 스님이 만든 수행
방법으로, 그 안에는 게송이 담겨 있어

해인도를 그리는 의상
대적광전의 벽화 중 하나로 의상이 해인도를 그리는 모습이 담겨 있어요.

요. 게송은 부처의 공덕이나 가르침을 칭찬하고 감탄하는 마음을 담
은 노래예요. 해인도를 걸을 때 게송을 외워 부르며 부처님의 뜻을
기리지요. 합장을 하고 해인도의 윗부분에 그려진 화살표를 따라 걸
어 들어가면, 끝까지 다 돌아야 밖으로 나올 수 있어요.

**🪷 예불**
부처님을 모시고 가르침을
받드는 의식이에요.

**🪷 승무**
스님들의 수행 과정에 대한
괴로움과 고민이 담긴 춤이
에요.

---

발우는 모두 4개로 구성되어 있어요. 제일 큰 그릇은 밥그릇, 두 번째는 국그릇, 세 번째는 천수(공양 때 마시거나
다 먹고 난 그릇을 닦는 물) 그릇, 가장 작은 그릇은 반찬그릇이에요.

6. 식사가 끝난 뒤에 남겨 놓은 김치로
발우를 닦고, 남은 물과 김치도 먹어요.

7. 천수로 발우를 닦은 뒤, 반찬 발우에
천수를 부어 놓아요.

8. 죽비를 다시 한 번 치면, 큰 그릇을
돌리며 천수를 한데 모아요.

9. 천수로 발우를 씻은 뒤에는 큰 발우에 작은 발우를 차곡
차곡 포개어 넣고 정리해요.

10. 죽비를 세 번 치면 합장하고 반쯤 숙여 절한 다음, 차례로
일어나 발우를 제자리에 가져다 놓아요.

## 삼층석탑과 대적광전

마당을 지나 계단을 오르면 대적광전이 보이고 그 앞에 삼층석탑이 있어요. 통일신라 시대에 처음 만들었을 때에는 단아한 이층 석탑이 었는데, 1926년 낡은 석탑을 고치면서 한 층을 더 올려 지금의 삼층 석탑이 되었어요. 탑 안에는 9개의 작은 불상이 들어 있지요.

삼층석탑을 지나 올라가면 대적광전이 나와요. 이곳은 원래 비로자 나불을 모시고 있는 법당으로 절 안에서 가장 중요한 건물이에요. 절 에 온 사람들은 이곳에서 자신이 바라는 바를 부처님께 빌기도 하지 요. 원래 대적광전에는 비로자나불 외에 문수보살과 보현보살이 모셔 져 있었어요. 이렇게 가장 중요한 세 부처님을 삼존불이라고 해요. 이 외에도 네 구의 불상이 함께 있었어요. 지금은 비로자나불 1구를 대 적광전의 왼쪽 건물로 자리를 옮겼어요.

대적광전 왼쪽의 건물은 바로 대비로전이에요. 원래 대적광전과 법 보전에 있던 비로나자불 두 구를 한 곳에 모으기 위해 2007년에 새 로 지은 건물이에요. 2005년 7월 불상에 새로 금칠을 하기 위해 조

**비로자나불**
큰 빛을 비추어 사람들을 이 끄는 부처님이에요.

**문수보살**
지혜의 완성을 나타내는 보살 이에요.

**보현보살**
깨달음과 중생을 구제하는 보 살이에요.

**구**
불상을 세는 단위예요.

대적광전

삼층석탑은 뜰 가운데 있다고 하여 '정중탑'이라고 해요.

삼층석탑

사를 하다가 두 불상의 모습이 거의 똑같다는 것을 알게 되었어요. 그래서 통일신라 시대인 833년에 만들어진 두 불상을 대비로전에 옮겼고 이곳에 목조불상을 보호하기 위한 첨단 시설을 설치했어요. 이 시설은 건물에 불이 나면 그것을 화재감지기가 감지해서 불상을 지하 6미터 깊이에 마련된 대피실로 내려보내지요. 그리고 그 위로 2중 방화문이 자동으로 닫혀 불상을 보호한답니다.

이제 발길을 대적광전 뒤쪽으로 옮겨 볼까요? 그곳의 계단을 올려다보세요. '팔만대장경'이라는 현판이 붙은 곳이 보이지요. 바로 이곳이 장경판전이에요. 우리는 일주문에서 시작해 봉황문을 지나 한 발 한 발 부처님의 세상 한가운데로 들어왔어요. 이런 경건한 마음으로 해인사를 둘러보다 보면 우리의 자랑스러운 문화유산인 해인사 고려대장경과 장경판전을 만나게 되는 것이랍니다.

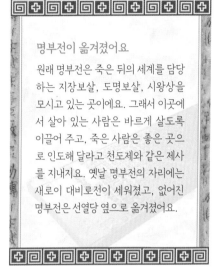

### 명부전이 옮겨졌어요

원래 명부전은 죽은 뒤의 세계를 담당하는 지장보살, 도명보살, 시왕상을 모시고 있는 곳이에요. 그래서 이곳에서 살아 있는 사람은 바르게 살도록 이끌어 주고, 죽은 사람은 좋은 곳으로 인도해 달라고 천도제와 같은 제사를 지내지요. 옛날 명부전의 자리에는 새로이 대비로전이 세워졌고, 없어진 명부전은 선열당 옆으로 옮겨졌어요.

**여기서 잠깐!**

### 해인도를 따라 걸어 보아요.

해인도 앞에 놓인 게송을 읽어 보며 해인도를 걸어 보세요. 두 손을 모으고 해인도를 돌면서 무슨 생각을 했나요? 나의 생각을 써 보세요.

해인도

정답은 56쪽에

# 해인사 고려대장경과 장경판전을 둘러보고 나서

　고려대장경과 장경판전은 유네스코 세계문화유산과 세계기록유산으로 등재되어 세계인의 보호를 받는 우리나라의 소중한 문화유산이에요. 과연 고려대장경과 장경판전의 어떤 점 때문에 전 세계인이 소중히 지켜야 할 유산으로 등재된 것일까요?

　첫째, 고려대장경은 나무로 경판을 만들어서 불경을 인쇄하여 널리 알리고자 한 문화 작업이었어요. 이를 통해 오랜 전쟁으로 지친 백성들의 마음을 달래고자 했어요. 그리고 거대한 규모의 경판을 만들면서 문화 민족으로서의 자긍심을 일깨워 주었지요.

　둘째, 경판에 축적된 판각 기술, 목재 가공 기술과 이를 통해 보여 주는 인쇄 문화는 오늘날에도 놀랄 만한 것이에요. 우리 조상들은 인쇄판을 만들기에 가장 좋은 나무를 골라서, 오래 보관할 수 있는 가공 기술을 만들어

냈어요. 나무에 대한 과학적 조사와 가공 과정의 정성, 뛰어난 기술 등이 돋보이지요. 또, 경판을 계획하고 판각하는 과정에서 다른 나라보다 앞선 인쇄 기술을 발전시켰어요.

셋째, 장경판전에는 나무 경판을 수백 년 동안 온전하게 지켜 낸 건축 과학 기술이 있어요. 건물의 방향이 알맞은 햇빛과 바람을 불러들였고 살창을 통과한 바람은 판가를 구석구석 돌아서 경판을 보존하기 알맞은 습도와 온도를 만들어 주었어요. 그리고 건물의 각 부분과 판가의 모양이 소박하고 단순하지만 자연을 받아들이고 이용할 수 있는 효율적인 구조였어요.

이처럼 지금까지는 조상들의 과학 기술 덕택에 고려대장경과 장경판전을 무사히 지켜냈어요. 하지만 앞으로는 우리의 관심과 노력이 있어야 해요. 끊임없는 연구를 통해 달라진 환경에 대비할 보존 방법을 찾아야 하지요. 변화된 환경에서 문화유산이 입을 수 있는 피해를 생각해 보고 이를 막기 위한 노력이 필요해요. 또한 문화유산을 보호하려는 노력뿐만 아니라 문화유산 속에 담긴 정신까지 이어 받는 일도 중요하지요.

# 해인사 성보박물관을 돌아보아요!

해인사에는 박물관이 하나 있어요. 해인사와 장경판전을 돌아보고 해인사 성보박물관을 한번 둘러보세요. 이 박물관은 해인사의 문화재를 전시하고 보관하기 위해 만들어진 현대식 건물이에요. 오랜 역사를 자랑하는 해인사 안의 크고 작은 문화재와 유물을 모아 놓은 곳이에요.

해인사의 유물들은 1488년부터 해행당을 짓고 역대 고승의 초상화를 봉안했던 것을 시작으로 이곳저곳으로 옮겨다녔어요. 그래서 성보박물관을 지어 해인사와 여러 말사들의 유물 수천 점을 보관하게 되었어요. 대장경홀, 해인역사실, 불교조각실, 불교회화실, 불교공예실, 목판특별실 등 크게 6개로 이루어져 있어요.

성보박물관

### 대장경홀

부처님의 말씀을 기록한 패엽경과 초조대장경, 고려대장경을 인쇄한 판본을 전시하고 있어요. 대장경의 역사를 느낄 수 있는 곳이지요.

## 미리 알아두기!

**관람료**
무료

**관람 시간**
4~10월 : 오전 10시 ~ 오후 5시
11월~3월 : 오전 10시 ~ 오후 4시

**휴관일**
매주 월요일

**문의 : 055)934-3150**

**홈페이지 : www.haeinsamuseum.com**

*특별전시실은 해마다 전시 내용이 바뀐다고 해요.

### 해인역사실

해인사가 세워진 뒤 지금까지의 역사를 보여 주는 곳이에요. 이 절을 지은 순응 스님과 이정 스님의 초상화, 해인사의 건물을 고치고 새로 지은 기록인 《해인사 중수기》와 관련된 유물도 있어요.

### 불교조각실

고승의 모습을 담은 조각이나 불상과 절의 다양한 나무 조각 유물을 전시하고 있어요. 그 가운데 사실적인 조각이 돋보이는 목조희랑조사상은 우리나라에서 제일 오래된 나무 조각이에요.

### 불교회화실

부처님의 모습이나 가르침을 그린 그림을 불화라고 해요. 이곳에는 팔상도 병풍, 33조사도 병풍, 아미타극락회상도, 지장시왕도 등의 불화를 전시하고 있어요.

### 불교공예실

해인사의 역사만큼 다양한 공예 유물 전시되어 있어요. 홍치 4년명 범종과 함께 칠보 촛대, 옥화, 공양을 하는 도구인 정병과 향로 등이 있어요.

# 나는 해인사 고려대장경과 장경판전 박사!

가야산의 아름다운 경치와 잘 어우러진 해인사를 잘 둘러보았나요? 해인사의 많은 건물 중에서도 세계문화유산으로 등재된 자랑스러운 장경판전과 그 안에 보관되어 있는 고려대장경판과 제경판에 대해서도 알아보았지요. 그동안 많은 학자들이 밝혀 낸 우리 민족의 불교 문화, 인쇄 기술, 건축 기술이 얼마나 우수한 것인지 잘 알게 되었을 거예요. 그럼, 이제 길고 긴 세월을 이겨 낸 이 문화유산에 대해 얼마나 기억하고 있는지 알아볼까요?

## ❶ 무엇이라고 부를까요?

고려대장경판과 장경판전의 사진을 보고 동그라미 친 부분을 무엇이라고 부르는지 보기에서 골라 빈칸에 써 보세요.

| 보기 | 법보전, 수다라장, 살창, 마구리 |
|---|---|

①_____

②_____

## ❷ 알아맞혀 보아요.

고려대장경과 장경판전에 대한 아래 문제를 잘 읽고 ○ 또는 ×로 표시해 보세요.

1. 고려대장경은 세계 최초 대장경이에요. (　　　)

2. 고려대장경은 몽골의 침입을 물리치기 위해서 만든 것이에요. (　　　)

3. 고려대장경의 다른 이름은 북송대장경이에요. (　　　)

4. 고려대장경의 글씨는 수기 스님의 글씨체를 따라 썼어요. (　　　)

5. 장경판전의 기둥은 배흘림 기둥으로 되어 있어요. (　　　)

6. 장경판전은 모두 네 채의 건물로 되어 있어요. (　　　)

# ❸ 고려대장경은 어떻게 만들었을까요?

고려대장경을 만들기 위해 가장 먼저 무엇을 준비했을까요? 그리고 어떤 과정을 거쳐 경판을 완성했을까요? 다음 그림을 잘 보고 빈칸에 알맞은 내용을 보기에서 골라 써 보세요.

보기   그늘, 소금물, 판자, 자귀, 시험, 인쇄, 각수

①나무를 톱으로 베고 1~2년 동안
그대로 두어요.

②(          )를 만들어서 옮겨요.

③판자를 (          )에 삶아요.

④판자를 (          )에서 말려요.

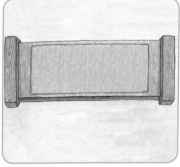
⑤판자를 평평하게 깎은 뒤 마구리를
붙여요.

⑥판하본을 뒤집어 붙여요.

⑦(          )가 경판에 글자를 새겨요.

⑧(          )를 해서 틀린 부분을
수정해요.

⑨인쇄가 모두 끝나면 잘 닦아서 판가에
꽂아 보관해요.

정답은 56쪽에

# 고려대장경판을 만들어 보아요

고려대장경과 장경판전 이야기는 재미있게 읽었나요? 어떤 이유 때문에 고려대장경을 만들게 되었는지 잘 알게 되었을 거예요. 그리고 고려대장경을 어떤 방법으로 만들게 되었는지도요. 그래서 우리도 경판을 만들어 고려대장경에 관한 기록을 적어 보는 것은 어떨까요? 책에서 읽은 내용을 잘 떠올려보며 고려대장경판을 만들어 보세요. 그럼, 지금부터 경판을 만들어 볼까요?

**1. 경판을 만들 재료와 도구를 준비해요.**
경판의 바탕을 만들기 위한 두꺼운 종이와 색지, 한지, 가위, 칼, 테이프를 준비해요.

**2. 판자를 만들어요.**
먼저 두꺼운 종이를 잘라서 내가 만들 경판의 크기를 정해요. 미리 연필로 선을 살짝 그어 두고 잘라요. 손을 베지 않도록 조심해요.

**3. 색지로 판자를 싸 주어요.**
잘라 놓은 경판 모양의 두꺼운 종이에 색지를 입혀요. 이때 실제 고려대장경판과 비슷한 색의 종이로 싸 주면 좋아요. 고려대장경판이 양면으로 되어 있으니, 뒷면까지 싸 주세요.

**4. 마구리를 만들어요.**
경판과 똑같은 색지로 마구리를 만들어요. 두껍게 접고 양옆을 붙여서 만드는데, 판자 부분을 끼울 수 있는 모양으로 만들어야 해요.

### 5. 마구리를 끼워요.

판자에 마구리를 끼워 주세요. 장석을 붙이듯 테이프로 붙여 주어도 좋아요.

### 6. 경판에 쓸 내용을 만들어요.

경판에 남길 내용을 써 보세요. 고려대장경에 대한 정보를 컴퓨터나 손으로 직접 써 보세요.

### 7. 종이에 출력해요.

작성한 내용을 출력해 보세요. 전통 종이인 한지에 출력하고 싶다면, 보통 쓰는 종이에 한지를 붙여서 프린터에 넣으면 된답니다.

### 8. 알맞은 크기로 잘라요.

글씨가 있는 부분을 자르지 않도록 조심해서 잘라 주세요.

### 9. 경판에 종이를 붙여요.

자른 종이를 경판에 잘 붙여 주세요. 경판 가운데에 오도록 위치를 잘 잡고 한 쪽씩 붙여 나가면 되요.

### 10. 경판이 완성되었어요.

원래는 판하본을 붙인 다음 글자를 새겨야 하지만, 이렇게 만들어도 제법 멋지지요.

**10쪽**

| 목수 | 사경승 | 각수 | 수기 스님 |

판화본을 만들기 위해
불경을 종이에 옮겨 써요.

경판에 글씨를
새겨요.

대장경에 새길 내용을 정
하고 정리했어요.

나무로 경판의
바탕을 만들어요.

**15쪽**

① 경판의 재료는 ( 산벚나무 )를 가장 많이 사용했어요.

② 경판이 만들어지면 양쪽에 ( 마구리 )를 끼워요.

③ 판자를 ( 소금물 )에 삶아서 부드럽게 만들었어요.

**23쪽**

① 7만 8430여장

② 2007년

③ 1232년

④ 16년

**47쪽** – 각각 다른 답이 나올 거예요.

지난 주 아빠가 약속을 지키지 않았어요. 우리 식구 모두 인라인
스케이트 타러 가기로 했는데 회사에 갔어요. 아빠가 다음 주에는
꼭 약속을 지켰으면 좋겠어요.

## 나는 해인사 고려대장경과 장경판전 박사!

### ❶ 무엇이라고 부를까요?

고려대장경판과 장경판전의 사진을 보고 동그라미 친 부분을 무엇이라고 부르는지 보기에서 골라
빈칸에 써 보세요.

보기  법보전, 수다라장, 살창, 마구리

마구리

① _____ 법보전

② _____ 수다라장

살창

### ❷ 알아맞혀 보아요.

고려대장경과 장경판전에 대한 아래 문제를 잘 읽고 ○ 또는 ×로 표시해 보세요.

1. 고려대장경은 세계 최초 대장경이에요. ( X )

2. 고려대장경은 몽고의 침입을 물리치기 위해서 만든 것이에요. ( O )

3. 고려대장경의 다른 이름은 북송대장경이에요. ( X )

4. 고려대장경의 글씨는 수기 스님의 글씨체를 따라 썼어요. ( X )

5. 장경판전의 기둥은 배흘림 기둥으로 되어 있어요. ( O )

6. 장경판전은 모두 네 채의 건물로 되어 있어요. ( O )

### ❸ 고려대장경은 어떻게 만들었을까요?

고려대장경을 만들기 위해 가장 먼저 무엇을 준비했을까요? 그리고 어떤 과정을 거쳐 경판을
완성했을까요? 다음 그림을 잘 보고 빈칸에 알맞은 내용을 써 보세요.

보기  그늘, 소금물, 판자, 자귀, 시험, 인쇄, 각수

①나무를 톱으로 베고 1~2년 동안
그대로 두어요.

②( 판자 )를 만들어서 옮겨요.

③판자를 ( 소금물 )에 삶아요.

④판자를 ( 그늘 )에서 말려요.

⑤판자를 평평하게 깎은 뒤 마구리를
붙여요.

⑥판하본을 뒤집어 붙여요.

⑦( 각수 )가 경판에 글자를 새겨요.

⑧( 시험 인쇄 )를 해서 틀린 부분을
수정해요.

⑨인쇄가 모두 끝나면 잘 닦아서 판가에
꽂아 보관해요.

# 사진 출처

**이정진** p3(장경판전), p4(고려대장경판, 경판의 마구리), p9(고려대장경판), p12(산벚나무 껍질), p15(마구리와 경판을 연결한 장석, 마구리를 끼워서 생긴 경판의 틈), p17(경판 마구리의 번호), p19(완성된 고려대장경판), p21(수다라장 중앙 통로 위쪽에 보관되어 있는 고려대장경 책), p26(장경판전 입구, 수다라장 월문), p28(장경판전 입구), p29(수다라장 월문, 유네스코 인증서), p30(수다라장 판가 입구, 법보전 판가 입구, 수다라장 뒷모습, 법보전 앞모습), p31(서사간고, 동사간고), p33(수다라장 뒤 살창, 법보전 앞 살창), p34(고려대장경을 보관하는 수다라장 판가), p35(판가의 앞 부분, 판가의 아래 부분, 판가의 옆 부분), p38(일주문, 운판과 목어), p42(해인사 창건기), p43(일주문, 범종각대종), p44(목어, 법고), p45(해인도를 그리는 의상), p46(대적광전과 삼층석탑), p47(해인도), p48(장경판전), p49(세계문화유산 해인사 고려대장경 판전 기념비), p50(해인사 성보박물관), p52(고려대장경판, 장경판전, 장경판전 살창)

**경기도박물관** p7(초조대장경)

**청주고인쇄박물관** p25(직지심체요절, 금속 활자를 맞추는 모습, 금속 활자)

**문화재청** p24(무구정광대다라니경),

**규장각한국학연구원** p8(동국이상국집, 규-4938)

**박상국** p20(반야바라밀다심경), p21(고려대장경 중 불멸경), p22(분사대장도감), p23('최동'이라는 각수의 이름이 있어요), p42(해인사 전경)

**해인사 성보박물관** p50(대장경홀), p51(해인역사실), p51(불교조각실), p51(불교회화실), p51(불교공예실)

**곽선주** p54~55(고려대장경판 만들기 과정 1~10)

# 초등학교 교과서와 관련된 학년별 현장 체험학습 추천 장소

| 1학년 1학기 (21곳) | 1학년 2학기 (18곳) | 2학년 1학기 (21곳) | 2학년 2학기 (25곳) | 3학년 1학기 (31곳) | 3학년 2학기 (37곳) |
|---|---|---|---|---|---|
| 철도박물관 | 농촌 체험 | 소방서와 경찰서 | 소방서와 경찰서 | 경희대자연사박물관 | IT월드(과천정보나라) |
| 소방서와 경찰서 | 광릉 | 서울대공원 동물원 | 서울대공원 동물원 | 광릉수목원 | 강원도 |
| 시민안전체험관 | 홍릉 산림과학관 | 농촌 체험 | 강릉단오제 | 국립민속박물관 | 경희대자연사박물관 |
| 천마산 | 소방서와 경찰서 | 천마산 | 천마산 | 국립서울과학관 | 광릉수목원 |
| 서울대공원 동물원 | 월드컵공원 | 남산골 한옥마을 | 월드컵공원 | 국립중앙박물관 | 국립경주박물관 |
| 농촌 체험 | 시민안전체험관 | 한국민속촌 | 남산골 한옥마을 | 기상청 | 국립고궁박물관 |
| 코엑스 아쿠아리움 | 서울대공원 동물원 | 국립서울과학관 | 한국민속촌 | 서대문자연사박물관 | 국립국악박물관 |
| 선유도공원 | 우포늪 | 서울숲 | 농촌 체험 | 선유도공원 | 국립부여박물관 |
| 양재천 | 철새 | 갯벌 | 서울숲 | 시장 체험 | 국립서울과학관 |
| 한강 | 코엑스 아쿠아리움 | 양재천 | 양재천 | 신문박물관 | 남산 |
| 에버랜드 | 짚풀생활사박물관 | 동굴 | 선유도공원 | 경상북도 | 남산골 한옥마을 |
| 서울숲 | 국악박물관 | 고성 공룡박물관 | 불국사와 석굴암 | 양재천 | 롯데월드 민속박물관 |
| 갯벌 | 천문대 | 코엑스 아쿠아리움 | 국립중앙박물관 | 경기도 | 국립민속박물관 |
| 고성 공룡박물관 | 자연생태박물관 | 옹기민속박물관 | 국립민속박물관 | 이화여대자연사박물관 | 삼성어린이박물관 |
| 서대문자연사박물관 | 세종문화회관 | 기상청 | 전쟁기념관 | 전쟁기념관 | 서대문자연사박물관 |
| 옹기민속박물관 | 예술의 전당 | 시장 체험 | 판소리 | 천마산 | 선유도공원 |
| 어린이 교통공원 | 어린이대공원 | 에버랜드 | DMZ | 한강 | 소방서와 경찰서 |
| 어린이 도서관 | 서울놀이마당 | 경복궁 | 시장 체험 | 화폐금융박물관 | 시민안전체험관 |
| 서울대공원 | | 강릉단오제 | 광릉 | 호림박물관 | 경상북도 |
| 남산자연공원 | | 몽촌역사관 | 홍릉 산림과학관 | 홍릉 산림과학관 | 월드컵공원 |
| 삼성어린이박물관 | | 국립현대미술관 | 국립현충원 | 우포늪 | 육군사관학교 |
| | | | 국립4·19묘지 | 소나무 극장 | 해군사관학교 |
| | | | 지구촌민속박물관 | 예지원 | 공군사관학교 |
| | | | 우정박물관 | 자운서원 | 철도박물관 |
| | | | 한국통신박물관 | 서울타워 | 이화여대자연사박물관 |
| | | | | 국립중앙과학관 | 제주도 |
| | | | | 엑스포과학공원 | 천마산 |
| | | | | 올림픽공원 | 천문대 |
| | | | | 전라남도 | 태백석탄박물관 |
| | | | | 경상남도 | 판소리박물관 |
| | | | | 허준박물관 | 한국민속촌 |
| | | | | | 임진각 |
| | | | | | 오두산 통일전망대 |
| | | | | | 한국천문연구원 |
| | | | | | 종이미술박물관 |
| | | | | | 짚풀생활사박물관 |
| | | | | | 토탈야외미술관 |

| 4학년 1학기 (34곳) | 4학년 2학기 (56곳) | 5학년 1학기 (35곳) | 5학년 2학기 (51곳) | 6학년 1학기 (36곳) | 6학년 2학기 (39곳) |
|---|---|---|---|---|---|
| 강화도 | IT월드(과천정보나라) | 갯벌 | IT월드(과천정보나라) | 경기도박물관 | IT월드(과천정보나라) |
| 갯벌 | 강화도 | 광릉수목원 | 강원도 | 경복궁 | KBS 방송국 |
| 경희대자연사박물관 | 경기도박물관 | 국립민속박물관 | 경기도박물관 | 덕수궁과 정동 | 경기도박물관 |
| 광릉수목원 | 경복궁 / 경상북도 | 국립중앙박물관 | 경복궁 | 경상북도 | 경복궁 |
| 국립서울과학관 | 경주역사유적지구 | 기상청 | 덕수궁과 정동 | 고성 공룡박물관 | 경희대자연사박물관 |
| 기상청 | 경희대자연사박물관 | 남산골 한옥마을 | 경상북도 | 국립민속박물관 | 광릉수목원 |
| 농촌 체험 | 고창, 화순, 강화 고인돌유적 | 농업박물관 | 경희대자연사박물관 | 국립서울과학관 | 국립민속박물관 |
| 서대문자연사박물관 | 전라북도 | 농촌 체험 | 고인쇄박물관 | 국립중앙박물관 | 국립중앙박물관 |
| 서대문형무소역사관 | 고성 공룡박물관 | 서울국립과학관 | 충청도 | 농업박물관 | 국회의사당 |
| 서울역사박물관 | 충청도 | 서울대공원 동물원 | 광릉수목원 | 롯데월드 민속박물관 | 기상청 |
| 소방서와 경찰서 | 국립경주박물관 | 서울숲 | 국립공주박물관 | 몽촌토성과 풍납토성 | 남산 |
| 수원화성 | 국립민속박물관 | 서울시청 | 국립경주박물관 | 민주화현장 | 남산골 한옥마을 |
| 시장 체험 | 국립부여박물관 | 서울역사박물관 | 국립고궁박물관 | 백범기념관 | 대법원 |
| 경상북도 | 국립서울과학관 | 시민안전체험관 | 국립민속박물관 | 서대문자연사박물관 | 대학로 |
| 양재천 | 국립중앙박물관 | 경상북도 | 국립서울과학관 | 서대문형무소 역사관 | 민주화 현장 |
| 옹기민속박물관 | 국립국악박물관 / 남산 | 양재천 | 국립중앙박물관 | 서울역사박물관 | 백범기념관 |
| 월드컵공원 | 남산골 한옥마을 | 강원도 | 남산골 한옥마을 | 조선의 왕릉 | 아인스월드 |
| 철도박물관 | 농업박물관 / 대법원 | 월드컵공원 | 농업박물관 | 성균관 | 서대문자연사박물관 |
| 이화여대자연사박물관 | 대학로 | 유명산 | 롯데월드 민속박물관 | 시민안전체험관 | 국립서울과학관 |
| 천마산 | 롯데월드 민속박물관 | 제주도 | 충청도 | 경상북도 | 서울숲 |
| 천문대 | 몽촌토성과 풍납토성 | 짚풀생활사박물관 | 서대문자연사박물관 | 암사동 선사주거지 | 신문박물관 |
| 철새 | 불국사와 석굴암 | 천마산 | 성균관 | 운현궁과 인사동 | 양재천 |
| 홍릉 산림과학관 | 서대문자연사박물관 | 한강 | 세종대왕기념관 | 전쟁기념관 | 월드컵공원 |
| 화폐금융박물관 | 서울대공원 동물원 | 한국민속촌 | 수원화성 | 천문대 | 육군사관학교 |
| 선유도공원 | 서울숲 | 호림박물관 | 시민안전체험관 | 철새 | 이화여대자연사박물관 |
| 독립공원 | 서울역사박물관 | 홍릉 산림과학관 | 시장 체험 / 신문박물관 | 청계천 | 중남미박물관 |
| 탑골공원 | 조선의 왕릉 | 하회마을 | 경기도 | 짚풀생활사박물관 | 짚풀생활사박물관 |
| 신문박물관 | 세종대왕기념관 | 대법원 | 강원도 | 태백석탄박물관 | 창덕궁 |
| 서울시의회 | 수원화성 | 김치박물관 | 경상북도 | 해인사 고려대장경과 장경판전 | 천문대 |
| 선거관리위원회 | 승정원 일기 / 양재천 | 난지하수처리사업소 | 옹기민속박물관 | 호림박물관 | 우포늪 |
| 소양댐 | 옹기민속박물관 | 농촌, 어촌, 산촌 마을 | 운현궁과 인사동 | 유니세프 한국위원회 | 판소리박물관 |
| 서남하수처리사업소 | 월드컵공원 | 들꽃수목원 | 육군사관학교 | 무령왕릉 | 한강 |
| 중랑구재활용센터 | 육군사관학교 | 정보나라 | 이화여대자연사박물관 | 현충사 | 홍릉 산림과학관 |
| 중랑하수처리사업소 | 철도박물관 | 드림랜드 | 전라북도 | 덕포진교육박물관 | 화폐금융박물관 |
| | 이화여대자연사박물관 | 국립극장 | 전쟁박물관 | 서울대학교 의학박물관 | 훈민정음 |
| | 조선왕조실록 / 종묘 | | 창경궁 / 천마산 | 상수허브랜드 | 상수도연구소 |
| | 종묘제례 | | 천문대 | | 한국자원공사 |
| | 창경궁 / 창덕궁 | | 태백석탄박물관 | | 동대문소방서 |
| | 천문대 / 청계천 | | 한강 | | 중앙119구조대 |
| | 태백석탄박물관 | | 한국민속촌 | | |
| | 판소리 / 한강 | | 해인사 고려대장경과 장경판전 | | |
| | 한국민속촌 | | 화폐금융박물관 | | |
| | 해인사 고려대장경과 장경판전 | | 중남미문화원 | | |
| | 호림박물관 | | 첨성대 | | |
| | 화폐금융박물관 | | 절두산순교지 | | |
| | 훈민정음 | | 천도교 중앙대교당 | | |
| | 온양민속박물관 | | 한국에너지기술연구원 | | |
| | 아인스월드 | | 한국자수박물관 | | |
| | | | 초전섬유퀼트박물관 | | |